T0131549

Anti-Stress-Trainer

Reihe herausgegeben von
Peter Buchenau
The Right Way GmbH
Waldbrunn, Deutschland

Stress ist in unserem Privat- und Berufsleben alltäglich und ist laut WHO die größte Gesundheitsgefährdung im 21. Jahrhundert. Die durch Stress verursachten Krankheitskosten erreichten bereits jährlich die Milliarden-Euro-Grenze. Jeder Mensch ist aber verschieden und reagiert unterschiedlich auf Stress. Als Ursache lässt sich Stress nicht einfach und oft erst spät erkennen, sodass Prävention und Behandlung erschwert werden. Die Anzahl der durch Stress bedingten Erkrankungen nimmt folglich weiter zu, Ausfälle im Berufsleben sind vorprogrammiert. Die Anti-Stress-Trainer-Reihe setzt sich mit dieser Thematik intensiv in einem beruflichen Kontext auseinander. Initiator Peter Buchenau gibt Experten aus unterschiedlichen Branchen die Möglichkeit, für Ihr jeweiliges Fachgebiet präventive Stressregulierungsmaßnahmen unterhaltsam und leicht verständlich zu beschreiben. Ein kompaktes Taschenbuch von Profis für Profis, aus der Praxis für die Praxis. Leserinnen und Leser, egal ob Führungskräfte, Angestellte oder Privatpersonen, erhalten praxiserprobte Stresspräventionstipps, die in ihrem spezifischen Arbeits- und Lebensumfeld eine Entlastung bringen können.

Weitere Bände in der Reihe
http://www.springer.com/series/16163

Ingo Caspar · Angelina Heim

Der Anti-Stress-Trainer für Erzieher

Mit Kreativität und eigener Anleitung zum entspannteren Umgang mit Stress!

Mit einem Beitrag von
Peter Buchenau

Ingo Caspar
Der Konflikt-Experte
Mettmann, Deutschland

Angelina Heim
Bochum, Deutschland

Anti-Stress-Trainer
ISBN 978-3-658-25480-3   ISBN 978-3-658-25481-0   (eBook)
https://doi.org/10.1007/978-3-658-25481-0

Die Deutsche Nationalbibliothek verzeichnet diese Publikation in der Deutschen Nationalbibliografie; detaillierte bibliografische Daten sind im Internet über http://dnb.d-nb.de abrufbar.

Springer Gabler ist ein Imprint der eingetragenen Gesellschaft Springer Fachmedien Wiesbaden GmbH und ist ein Teil von Springer Nature
Die Anschrift der Gesellschaft ist: Abraham-Lincoln-Str. 46, 65189 Wiesbaden, Germany

Inhaltsverzeichnis

Über die Autoren

**Ingo Caspar** erlebte bisher ein bewegtes Leben mit Höhen und natürlich auch Tiefen. Er hat sich – auch bedingt durch persönliche Erlebnisse und Erfahrungen – dem Thema Konfliktmanagement verschrieben, da er der Auffassung ist, dass Konflikte uns täglich begleiten und ein professionelles Konfliktmanagement erheblich zu einem zufriedenen Leben beitragen kann.

Konflikte tragen erheblich zu einem gesteigerten Stresserleben bei.

Ingo Caspar erlernte den Beruf des Krankenpflegers und ist nach seiner Ausbildung in eine psychiatrische Klinik gewechselt. Dort arbeitete er auf einer akuten Aufnahmestation.

Durch diese Tätigkeit ist ihm bewusst geworden, wie wichtig sowohl die Kommunikation als auch das eigene Menschenbild im Umgang mit Konflikten sind.

Im Zuge seiner Tätigkeit war er Initiator des Deeskalationsmanagements in der Klinik und gibt seither Seminare zu dem Thema: „Professionelles Konflikt,- und Stressmanagement."

Eine Ausbildung zum Managementtrainer und Wirtschaftsmediator rundeten das Profil ab und so ist Ingo Caspar ein gefragter Experte im Kontext von Konflikten und Stress.

In Unternehmen tritt er als Unternehmensberater für effektives Konfliktmanagement ein.

Durch seine Familie ist er ebenfalls – was die Arbeit in Kindertagesstätten angeht – sehr geprägt, da seine Mutter in den frühen 90er Jahren eine private Kindertagesstätte gründete, welche seine Ex-Frau und er dann auch geschäftsführend übernommen haben.

Seit dieser Zeit bietet Ingo Caspar zunehmend Seminare, Trainings und Workshops für Kitas und Erzieher an. Darüber hinaus gab er jahrelang wertvolle Workshops für Kinder im Vorschulalter.

„Raus aus der inneren Zwangsjacke" – so lautet der Titel seines Bühnenprogramms als Redner, in welchem er Wege aufzeigt, die inneren, belastenden Konflikte langfristig aufzulösen.

Einen großen Mittelpunkt in seiner Arbeit stellen Kinder und Jugendliche dar und seine Vision ist es, Kinder schon frühzeitig auf ihrem Weg zu begleiten und deren Potenziale zu fördern.

www.derkonfliktexperte.de

Angelina Heim ist gelernte Erzieherin und alleinerziehende Mutter von Zwillingen. Sie erlebte das Leben und den immer wiederkehrenden Stress in Kindergärten persönlich.

Die erfüllende Aufgabe rund um die Entwicklung und Förderung von Kindern, prägte ihren Lebensweg und sie stellte für sich irgendwann fest, dass die Arbeit in einem Kindergarten und dessen Strukturen nicht mehr das Richtige für sie war.

Es folgte eine Selbstständigkeit als Tagesmutter in Bochum, mit einem regen Zulauf und hohen Weiterempfehlungsraten seitens der Eltern.

Für Angelina war und ist es stets wichtig, jedes Kind individuell auf seinem persönlichen Lebensweg zu fördern.

Als Life-Kinetik-Trainerin gibt sie Seminare zum Thema Work-Life-Balance und der Aktivierung des Gehirnes.

Zudem hält sie Workshops und Seminare zum Thema Achtsamkeit – in einer Kombination mit Wellness und Aktivierungsmassagen – ab, die den Teilnehmer auf der Reise zu seinem inneren Ich begleiten.

So begleitet Angelina nicht nur die Kleinsten, sondern erreicht mit ihren Seminaren auch Erwachsene und natürlich auch Eltern.

Trainings speziell für Kindertagesstätten sind aufgrund ihrer Erfahrung und ihrem Know-how gern gebucht gefragt und als Beraterin ist Angelina darüber hinaus sehr gefragt.

1

Kleine Stresskunde: Das Adrenalinzeitalter

Peter Buchenau

Das Konzept der Reihe

Möglicherweise kennen Sie bereits meinen Anti-Stress-Trainer (Buchenau 2014). Das vorliegende Kapitel greift darauf zurück, weil das Konzept der neuen Anti-Stress-Trainer-Reihe die Tipps, Herausforderungen und Ideen aus meinem Buch mit den jeweiligen Anforderungen der unterschiedlichen Berufsgruppen verbindet. Die Autoren, die jeweils aus Ihrem Jobprofil kommen, schneiden diese Inhalte dann für Sie zu. Viel Erfolg und passen Sie auf sich auf.

Leben auf der Überholspur: Sie leben unter der Diktatur des Adrenalins. Sie suchen immer den neuen Kick, und das nicht nur im beruflichen Umfeld. Selbst in der Freizeit, die Ihnen eigentlich Ruhephasen vom Alltagsstress bringen sollte, kommen Sie nicht zur Ruhe. Mehr als 41 % aller Beschäftigten geben bereits heute an, sich in der Freizeit nicht mehr erholen zu können. Tendenz steigend. Wen wundert es?

© Springer Fachmedien Wiesbaden GmbH, ein Teil von Springer Nature 2019
I. Caspar und A. Heim, *Der Anti-Stress-Trainer für Erzieher*, Anti-Stress-Trainer, https://doi.org/10.1007/978-3-658-25481-0_1

Anstatt sich mit Power-Napping (Kurzschlaf) oder Extrem-Couching (Gemütlichmachen) in der Freizeit Ruhe und Entspannung zu gönnen, macht die Gesellschaft vermehrt Extremsportarten wie Fallschirmspringen, Paragliding, Extreme Climbing oder Marathon zu ihren Hobbys. Jugendliche ergeben sich dem Komasaufen, der Einnahme von verschiedensten Partydrogen oder verunstalten ihr Äußeres massiv durch Tattoos und Piercing. Sie hasten nicht nur mehr und mehr atemlos durchs Tempoland Freizeit, sondern auch durch das Geschäftsleben. Ständige Erreichbarkeit heißt die Lebenslösung. Digitalisierung und mobile, virtuelle Kommunikation über die halbe Weltkugel bestimmen das Leben. Wer heute seine E-Mails nicht überall online checken kann, wer heute nicht auf Facebook, Instagram & Co. ist, ist out oder schlimmer noch, der existiert nicht.

Klar, die Anforderungen im Beruf werden immer komplexer. Die Zeit überholt uns, engt uns ein, bestimmt unseren Tagesablauf. Viel Arbeit, ein Meeting jagt das nächste und ständig klingelt das Smartphone. Multitasking ist angesagt und wir wollen so viele Tätigkeiten wie möglich gleichzeitig erledigen.

Schauen Sie sich doch mal in Ihren Meetings um. Wie viele Angestellte in Unternehmen beantworten in solchen Treffen gleichzeitig ihre E-Mails oder schreiben WhatsApp-Nachrichten? Kein Wunder, dass diese Mitarbeiter dann nur die Hälfte mitbekommen und Folge-Meetings notwendig sind. Ebenfalls kein Wunder, dass das Leben einem davonrennt. Aber wie sagt schon ein altes, chinesisches Sprichwort: „Zeit hat nur der, der sich auch Zeit nimmt." Zudem ist es unhöflich, seinem Gesprächspartner nur halb zuzuhören.

Das Gefühl, dass sich alles zum Besseren wendet, wird sich mit dieser Einstellung nicht einstellen. Im Gegenteil: Alles wird noch rasanter und flüchtiger. Müssen Sie dafür

Ihre Grundbedürfnisse vergessen? Wurden Sie mit Stress oder Burn-out geboren? Nein, sicherlich nicht. Warum müssen Sie sich dann den Stress antun?

Zum Glück gibt es dazu das Adrenalin. Das Superhormon, die Superdroge der High-Speed-Gesellschaft. Bei Chemikern und Biologen auch unter $C_9H_{13}NO_3$ bekannt. Dank Adrenalin schuften Sie wie ein Hamster im Rad. Schneller und schneller und noch schneller. Sogar die Freizeit läuft nicht ohne Adrenalin. Der Stress hat in den letzten Jahren dramatisch zugenommen und somit auch die Adrenalinausschüttung in Ihrem Körper.

Schon komisch: Da produzieren Sie massenhaft Adrenalin und können dieses so schwer erarbeitete Produkt nicht verkaufen. Ja, nicht mal verschenken können Sie es. In welcher Gesellschaft leben Sie denn überhaupt, wenn Sie für ein produziertes Produkt keine Abnehmer finden?

Deshalb die Frage aus betriebswirtschaftlicher Sicht an alle Unternehmer, Führungskräfte und Selbstständigen: Warum produziert Ihr ein Produkt, das Ihr nicht am Markt verkaufen könnt? Wärt Ihr meine Angestellten, würde ich euch wegen Unproduktivität und Fehleinschätzung des Marktes feuern.

Stress kostet Unternehmen und Privatpersonen viel Geld. Gemäß einer Studie der Europäischen Beobachtungsstelle für berufsbedingte Risiken (mit Sitz in Bilbao) vom 04.02.2008 leidet jeder vierte EU-Bürger unter arbeitsbedingtem Stress. Im Jahre 2005 seien 22 % der europäischen Arbeitnehmer von Stress betroffen gewesen, ermittelte die Institution. Abgesehen vom menschlichen Leid bedeutet das auch, dass die wirtschaftliche Leistungsfähigkeit der Betroffenen in erheblichem Maße beeinträchtigt ist. Das kostet Unternehmen bares Geld. Schätzungen zufolge betrugen die Kosten, die der Wirtschaft in Verbindung mit arbeitsbedingtem Stress entstehen, 2002 in den damals noch 15 EU-Ländern

20 Mrd. EUR. 2006 schätzte das betriebswirtschaftliche Institut der Fachhochschule Köln diese Zahl allein in Deutschland auf 80 bis 100 Mrd. EUR.

60 % der Fehltage gehen inzwischen auf Stress zurück. Stress ist mittlerweile das zweithäufigste, arbeitsbedingte Gesundheitsproblem. Nicht umsonst hat die Weltgesundheitsorganisation WHO Stress zur größten Gesundheitsgefahr im 21. Jahrhundert erklärt. Viele Verbände wie zum Beispiel der Deutsche Managerverband haben Stress und Burn-out auch zu zentralen Themen ihrer Verbandsarbeit erklärt.

1.1   Was sind die Ursachen?

Die häufigsten Auslöser für den Stress sind der Studie zufolge unsichere Arbeitsverhältnisse, hoher Termindruck, unflexible und lange Arbeitszeiten, Mobbing und nicht zuletzt die Unvereinbarkeit von Beruf und Familie. Neue Technologien, Materialien und Arbeitsprozesse bringen der Studie zufolge ebenfalls Risiken mit sich.

Meist Arbeitnehmer, die sich nicht angemessen wertgeschätzt fühlen und auch oft unter- beziehungsweise überfordert sind, leiden unter Dauerstress. Sie haben ein doppelt so hohes Risiko, an einem Herzinfarkt oder einer Depression zu erkranken. Anerkennung und die Perspektive, sich in einem sicheren Arbeitsverhältnis weiterentwickeln zu können, sind in diesem Umfeld viel wichtiger als nur eine angemessene Entlohnung. Diesen Wunsch vermisst man meist in öffentlichen Verwaltungen, in Behörden sowie Großkonzernen. Gewalt und Mobbing sind oft die Folge.

Gerade in Zeiten von Wirtschaftskrisen bauen Unternehmen und Verwaltungen immer mehr Personal ab. Hetze und Mehrarbeit aufgrund von Arbeitsverdichtung sind die Folge. Zieht die Wirtschaft wieder an, werden viele offene Stellen nicht mehr neu besetzt. Das Ergebnis: Viele Arbeitnehmer leisten massiv Überstunden. 59 % haben Angst um ihren Job oder ihre Position im Unternehmen, wenn sie diese Mehrarbeit nicht erbringen, so die Studie.

Weiter ist bekannt, dass Druck (also Stress) Gegendruck erzeugt. Druck und Mehrarbeit über einen langen Zeitraum führen somit zu einer Produktivitäts-Senkung. Gemäß einer Schätzung des Kölner Angstforschers Wilfried Panse leisten Mitarbeiter schon lange vor einem Zusammenbruch 20 bis 40 % weniger als gesunde Mitarbeiter.

Wenn Vorgesetzte in diesen Zeiten zudem Ziele schwach oder ungenau formulieren und gleichzeitig Druck ausüben, erhöhen sich die stressbedingten Ausfallzeiten, die dann von den etwas stressresistenteren Mitarbeitern aufgefangen werden müssen. Eine Spirale, die sich immer tiefer in den Abgrund bewegt.

Im Gesundheitsbericht der Deutschen Angestellten Krankenkasse (DAK) steigt die Zahl der psychischen Erkrankungen massiv an und jeder zehnte Fehltag geht auf das Konto stressbedingter Krankheiten. Gemäß einer Studie des Deutschen Gewerkschaftsbunds (DGB) bezweifeln 30 % der Beschäftigten, ihr Rentenalter im Beruf zu erreichen. Frühverrentung ist die Folge. Haben Sie sich mal für Ihr Unternehmen gefragt, wie viel Geld Sie in Ihrem Unternehmen für durch Stress verursachte Ausfallzeiten bezahlen? Oder auf den einzelnen Menschen bezogen: Wie viel Geld zahlen Sie für Ihre Krankenversicherung und welche Gegenleistung bekommen Sie von der Krankenkasse dafür?

Vielleicht sollten die Krankenkassen verstärkt in die Vermeidung stress verursachender Aufgaben und Tätigkeiten investieren anstatt Milliarden unüberlegt in die Behandlung von gestressten oder bereits von Burn-out betroffenen

Menschen zu stecken. In meiner Manager-Ausbildung lernte ich bereits vor 20 Jahren: „Du musst das Problem an der Wurzel packen." Vorbeugen ist immer noch besser als reparieren.

Beispiel: Bereits 2005 erhielt die London Underground den Unum Provident Healthy Workplaces Award (frei übersetzt: den Unternehmens-Gesundheitsschutz-Präventionspreis) der britischen Regierung. Alle 13.000 Mitarbeiter der London Underground wurden ab 2003 einem Stress-Regulierungsprogramm unterzogen. Die Organisation wurde angepasst, die Vorgesetzten auf Früherkennung und stress reduzierende Arbeitstechniken ausgebildet, und alle Mitarbeiter wurden über die Gefahren von Stress und Burn-out aufgeklärt. Das Ergebnis war verblüffend. Die Ausgaben, bedingt durch Fehlzeiten der Arbeitnehmer, reduzierten sich um 455.000 britische Pfund, was einem Return on Invest von 1:8 entspricht. Mit anderen Worten: Für jedes eingesetzte britische Pfund fließen acht Pfund wieder zurück ins Unternehmen. Eine erhöhte Produktivität des einzelnen Mitarbeiters war die Folge. Ebenso verbesserte sich die gesamte Firmenkultur. Die Mitarbeiter erlebten einen positiven Wechsel in Gesundheit und Lifestyle.

Wann hören Sie auf, Geld aus dem Fenster zu werfen? Unternehmer, Führungskräfte, Personalverantwortliche und Selbstständige müssen sich deshalb immer wieder die Frage stellen, wie Stress im Unternehmen verhindert oder gemindert werden kann, um Kosten zu sparen und um somit die Produktivität und Effektivität zu steigern. Doch anstatt in Stresspräventionstrainings zu investieren, stehen landläufig weiterhin die Verkaufs- und Kommunikationsfähigkeiten des Personals im Fokus. Dabei zahlt sich, wie diese Beispiele beweisen, Stressprävention schnell und nachhaltig aus: Michael Kastner, Leiter des Instituts für Arbeitspsychologie und Arbeitsmedizin in Herdecke, beziffert die Rentabilität: „Eine Investition von einem Euro in eine moderne Gesundheitsförderung zahlt sich nach drei Jahren mit mindestens 1,80 EUR aus.".

1.2 Überlastet oder gar schon gestresst?

Modewort Stress ... Der Satz „Ich bin im Stress" ist anscheinend zum Statussymbol geworden, denn wer so viel zu tun hat, dass er gestresst ist, scheint eine gefragte und wichtige Persönlichkeit zu sein. Stars, Manager, Politiker gehen hier mit schlechtem Beispiel voran und brüsten sich in der Öffentlichkeit damit, „gestresst zu sein". Stress scheint daher beliebt zu sein und ist immer eine willkommene Ausrede.

Es gehört zum guten Ton, keine Zeit zu haben, sonst könnte ja Ihr Gegenüber meinen, Sie täten nichts, seien faul, hätten wahrscheinlich keine Arbeit oder seien ein Versager. Überprüfen Sie mal bei sich selbst oder in Ihrem unmittelbaren Freundeskreis die Wortwahl: Die Mutter hat Stress mit ihrer Tochter, die Nachbarn haben Stress wegen der neuen Garage, der Vater hat Stress, weil er die Winterreifen wechseln muss, der Arbeitsweg ist stressig, weil so viel Verkehr ist, der Sohn kann nicht zum Sport, weil ihn die Hausaufgaben stressen, der neue Hund stresst, weil die Tochter, für die der Hund bestimmt war, Stress mit ihrer besten Freundin hat – und dadurch keine Zeit.

Ich bin gespannt, wie viele banale Erlebnisse Sie in Ihrer Familie und in Ihrem Freundeskreis entdecken.

Gewöhnen sich Körper und Geist an diese Bagatellen, besteht die Gefahr, dass wirkliche Stress- und Burn-out-Signale nicht mehr erkannt werden. Die Gefahr, in die Stress-Spirale zu geraten, steigt. Eine Studie des Schweizer

Staatssekretariats für Wirtschaft aus dem Jahr 2000 unter-
mauerte dies bereits damit, dass sich 82 % der Befragten
gestresst fühlen, aber 70 % ihren Stress im Griff haben.
Entschuldigen Sie meine provokante Aussage: Dann
haben Sie keinen Stress.

Überlastung … Es gibt viele Situationen von Überlastung. In der Medizin, Technik, Psyche, Sport et cetera
hören und sehen wir jeden Tag Überlastungen. Es kann
ein Boot sein, welches zu schwer beladen ist. Ebenso aber
auch, dass jemand im Moment zu viel Arbeit, zu viele
Aufgaben, zu viele Sorgen hat oder dass ein System oder
ein Organ zu sehr beansprucht ist und nicht mehr richtig funktioniert. Das kann das Internet, das Stromnetz
oder das Telefonnetz sein, aber auch der Kreislauf oder das
Herz.

Die Fachliteratur drückt es als „momentan über dem
Limit" oder „kurzzeitig mehr als erlaubt" aus. Wichtig ist
hier das Wörtchen „momentan". Jeder von uns Menschen
ist so gebaut, dass er kurzzeitig über seine Grenzen hinaus-
gehen kann. Jeder von Ihnen kennt das Gefühl, etwas
Besonders geleistet zu haben. Sie fühlen sich wohl dabei
und sind meist hinterher stolz auf das Geleistete. Sehen
Sie Licht am Horizont und sind Sie sich bewusst, welche Tätigkeit Sie ausführen und zudem, wie lange Sie an
einer Aufgabe zu arbeiten haben, dann spricht die Stressforschung von Überlastung und nicht von Stress. Also
dann, wenn der Vorgang, die Tätigkeit oder die Aufgabe
für Sie absehbar und kalkulierbar ist. Dieser Vorgang ist
aber von Mensch zu Mensch unterschiedlich. Zum Beispiel fühlt sich ein Marathonläufer nach 20 km überhaupt
nicht überlastet, aber der übergewichtige Mensch, der
Schwierigkeiten hat, zwei Stockwerke hochzusteigen, mit
Sicherheit. Für ihn ist es keine Überlastung mehr, für ihn
ist es Stress.

1.3   Alles Stress oder was?

Stress ... Es gibt unzählige Definitionen von Stress und leider ist eine Eindeutigkeit oder eine Norm bis heute nicht gegeben. Stress ist individuell, unberechenbar, nicht greifbar. Es gibt kein Allheilmittel dagegen, da jeder Mensch Stress anders empfindet und somit auch die Vorbeuge- und Behandlungsmaßnahmen unterschiedlich sind.

Nachfolgende fünf Definitionen bezüglich Stress sind richtungsweisend:

„Stress ist ein Zustand der Alarmbereitschaft des Organismus, der sich auf eine erhöhte Leistungsbereitschaft einstellt" (Hans Seyle 1936; ein ungarisch-kanadischer Zoologe, gilt als der Vater der Stressforschung).

„Stress ist eine Belastung, Störung und Gefährdung des Organismus, die bei zu hoher Intensität eine Überforderung der psychischen und/oder physischen Anpassungskapazität zur Folge hat" (Fredrik Fester 1976).

„Stress gibt es nur, wenn Sie ‚Ja' sagen und ‚Nein' meinen" (Reinhard Sprenger 2000).

„Stress wird verursacht, wenn du ‚hier' bist, aber ‚dort' sein willst, wenn du in der Gegenwart bist, aber in der Zukunft sein willst" (Eckhard Tolle 2002).

„Stress ist heute die allgemeine Bezeichnung für körperliche und seelische Reaktionen auf äußere oder innere Reize, die wir Menschen als anregend oder belastend empfinden. Stress ist das Bestreben des Körpers, nach einem irritierenden Reiz so schnell wie möglich wieder ins Gleichgewicht zu kommen" (Schweizer Institut für Stressforschung 2005).

Bei allen fünf Definitionen gilt es zu unterscheiden zwischen negativem Stress – ausgelöst durch im Geiste unmöglich zu lösende Situationen – und positivem Stress, welcher

in Situationen entsteht, die subjektiv als lösbar wahrgenommen werden. Sobald Sie begreifen, dass Sie selbst
über das Empfinden von freudvollem Stress (Eustress) und
leidvollem Stress (Disstress) entscheiden, haben Sie Hand-
lungsspielraum.

Bei **positivem Stress** wird eine schwierige Situation als
positive Herausforderung gesehen, die es zu bewältigen
gilt und die Sie sogar genießen können. Beim positiven
Stress sind Sie hoch motiviert und konzentriert. Stress ist
hier die Triebkraft zum Erfolg.

Bei **negativem Stress** befinden Sie sich in einer schwierigen Situation, die Sie noch mehr als völlig überfordert.
Sie fühlen sich der Situation ausgeliefert, sind hilflos und
es werden keine Handlungsmöglichkeiten oder Wege aus
der Situation gesehen. Langfristig macht dieser negative
Stress krank und endet oft im Burn-out.

1.4   Burn-out – Die letzte Stressstufe

Burn-out … Als letzte Stufe des Stresses tritt das
sogenannte Burn-out auf. Nun hilft keine Medizin und
Prävention mehr; jetzt muss eine langfristige Auszeit unter
professioneller Begleitung her. Ohne fremde Hilfe können
Sie der Burn-out-Spirale nicht entkommen. Die Wieder-
eingliederung eines Burn-out-Klienten zurück in die
Arbeitswelt ist sehr aufwendig. Meist gelingt das erst nach
einem Jahr Auszeit, oft auch gar nicht.

Nach einer Studie der Freiburger Unternehmensgruppe
Saaman aus dem Jahr 2007 haben 45 % von 10.000
befragten Managern Burn-out-Symptome. Die gebräuch-
lichste Definition von Burn-out stammt von Maslach &
Jackson aus dem Jahr 1986: „Burn-out ist ein Syndrom
der emotionalen Erschöpfung, der Depersonalisation und
der reduzierten persönlichen Leistung, das bei Individuen

auftreten kann, die auf irgendeine Art mit Leuten arbeiten oder von Leuten beeinflusst werden.".

Burn-out entsteht nicht in Tagen oder Wochen. Burn-out entwickelt sich über Monate bis hin zu mehreren Jahren, stufenweise und fortlaufend mit physischen, emotionalen und mentalen Erschöpfungen. Dabei kann es immer wieder zu zwischenzeitlicher Besserung und Erholung kommen. Der fließende Übergang von der normalen Erschöpfung über den Stress zu den ersten Stadien des Burn-outs wird oft nicht erkannt, sondern als „normale" Entwicklung akzeptiert. Reagiert der Betroffene in diesem Zustand nicht auf die Signale, die sein Körper ihm permanent mitteilt und ändert der Klient seine inneren oder äußeren Einfluss- und Stressfaktoren nicht, besteht die Gefahr einer sehr ernsten Erkrankung. Diese Signale können dauerhafte Niedergeschlagenheit, Ermüdung, Lustlosigkeit, aber auch Verspannungen und Kopfschmerzen sein. Es kommt zu einer kreisförmigen, gegenseitigen Verstärkung der einzelnen Komponenten. Unterschiedliche Forschergruppen haben auf der Grundlage von Beobachtungen den Verlauf in typische Stufen unterteilt.

Wollen Sie sich das alles antun?

Leider ist Burn-out in den meisten Firmen ein Tabuthema – die Dunkelziffer ist groß. Betroffene Arbeitnehmer und Führungskräfte schieben oft andere Begründungen für ihren Ausfall vor – aus Angst vor negativen Folgen, wie zum Beispiel dem Verlust des Arbeitsplatzes. Es muss ein Umdenken stattfinden!

Wen kann es treffen? Theoretisch sind alle Menschen gefährdet, die nicht auf die Signale des Körpers achten. Vorwiegend trifft es einsatzbereite und engagierte Mitarbeiter, Führungskräfte und Selbstständige. Oft werden diese auch von Vorgesetzten geschätzt, von Kollegen bewundert, vielleicht auch beneidet. Solche Menschen sagen auch nie „nein"; deshalb wachsen die Aufgaben, und es stapeln sich die Arbeiten. Dazu kommt oft, dass sich Partner, Freunde und Kinder über zu wenig Zeit und Aufmerksamkeit beklagen.

Aus eigener Erfahrung kann ich sagen, dass der Weg zum Burn-out anfänglich mit kleinsten Hinweisen gepflastert ist, kaum merkbar, unauffällig, vernachlässigbar. Es bedarf einer hohen Achtsamkeit, um diese Signale des Körpers und der realisierenden Umwelt zu erkennen. Kleinigkeiten werden vergessen und vereinbarte Termine werden immer weniger eingehalten. Hobbys und Sport werden – wie bei mir geschehen – erheblich vernachlässigt. Auch mein Körper meldete sich Ende der neunziger Jahre mit leisen Botschaften: Schweißausbrüche, Herzrhythmusstörungen, schwerfällige Atmung und unruhiger Schlaf waren die Symptome, die anfänglich nicht von mir beachtet wurden.

Abschlusswort
Eigentlich ist Burn-out- oder Stressprävention für ErzieherInnen ganz einfach. Tipps gibt es überall und Zeit dazu auch. Sie, ja Sie, Sie müssen es einfach nur tun. Viel Spaß und Unterhaltung beim nun folgenden Beitrag von Angelina Heim und Ingo Caspar.

Literatur

Buchenau P (2014) Der Anti-Stress-Trainer. Springer, Wiesbaden

2

Der gelebte Stress als Erzieher

2.1 Engelchen und Teufelchen, meine stetigen Begleiter als Erzieherin!

Eins ist für mich unglaublich wichtig, direkt am Anfang zu schreiben, ich bin wahnsinnig erfüllt und dankbar den Beruf der Erzieherin gelernt und ausgeübt zu haben, denn diese Zeit hat mich als Mensch unglaublich geprägt und wachsen lassen, jedoch stellt dieser Beruf auch einen erheblichen Umgang mit den verschiedensten Stressoren dar.

Als ich mich für den Beruf entschieden habe, war mir nicht im geringsten bewusst was auf mich zukommen würde und vor allem wie schnell sich das Aufgabenfeld einer Erzieherin verändern und erweitern würde. Mein Grundgedanke Kinder in ihrer Entwicklung zu begleiten, mit Ihnen zu spielen, mit Ihnen Spaß zu haben und die Eltern in ihrer Erziehung zu unterstützen, war vielleicht

© Springer Fachmedien Wiesbaden GmbH, ein Teil von Springer Nature 2019
I. Caspar und A. Heim, *Der Anti-Stress-Trainer für Erzieher,*
Anti-Stress-Trainer, https://doi.org/10.1007/978-3-658-25481-0_2

auch meinem jugendlichen Alter in der Ausbildung geschuldet, denn da musste ich schnell feststellen, dass mein Aufgabengebiet wesentlich komplexer war und im Laufe der letztem Jahre noch extrem gewachsen ist.

An meiner Arbeitszeit und dem Personalschlüssel allerdings änderte sich nichts, genauso wenig an der Bezahlung, obwohl ich neben Erzieherin u. a. auch Sekretärin, Hauswirtschaftliche Kraft, Hausmeisterin, Psychologin, Streitschlichterin, Beraterin und Verkäuferin war.

Was geblieben ist trotz all dem Stress und dem manchmal sehr aufreibenden Alltag, ist die Liebe zu dem Beruf, die Freude an der Entwicklung der Kinder und auch der Spaß an der eigentlichen Arbeit.

Doch ich merkte irgendwann, dass ich mehr wollte, mehr von meinem Arbeitgeber, mehr von meinen Kollegen und auch mehr von mir und ich stellte fest, dass in meinem Bereich und mit meinen Vorgesetzten dies kaum zu erreichen war. Die Möglichkeiten sich zu entfalten, waren zu der Zeit doch recht eingeschränkt und so schaute ich mich um wo ich das leben kann, was ich mir als junge Frau in der Ausbildung erträumt hatte.

Durch meine berufliche Veränderung in die Selbstständigkeit habe ich mir das zurückholen können und vor allem die Freiheit wieder so arbeiten zu können wie ich mir das bei meiner Ausbildung gewünscht habe.

Mit dem Kind und für das Kind und in Zusammenarbeit mit den Eltern.

Vier Jahre intensive Ausbildung und trotzdem hat man im Alltag oftmals das Gefühl, dass es viel zu kurz war, denn auf die „Probleme" bereitet einen die Ausbildung nicht vor, wie gehe ich um mit „schwierigen Kindern", wie löse ich Konflikte und wie sorge ich vor allem für mich und meine Belange.

Dafür sind die Aufgaben mittlerweile viel zu vielfältig geworden und der Faktor Zeit und Dokumentationspflicht nehmen einem viel von dem wirklich Wichtigen – die Kinder.

Es verlangt von einem eine große Umstellung, wenn man das Gefühl bekommt, dass eigentlich die Dokumentation oder neue Konzepte wichtiger sind als die eigentliche Arbeit und dies kann demotivieren und zermürben. Es lastet ein großer Druck und Verantwortung auf uns, sich jeden Tag um jedes individuelle Bedürfnis von Eltern, Kindern, Träger zu kümmern und zeitgleich die Auflagen und Vorgaben der Regierung motiviert und gut umzusetzen. Bei einer Gruppengröße von 25 Kindern kommt da eine Menge zusammen zudem die Kinder immer jünger werden und somit der pflegerische Aufwand viel höher und intensiver geworden ist.

Außerdem finden sich in unseren Gruppen immer mehr Kinder wieder, die mehr Unterstützung und Zeit von uns brauchen.

Zudem steigen auch die Kinder mit Besonderheiten an, die beachtet werden müssen, Essensunverträglichkeiten, Allergien, Glaubensrichtungen, Behinderungen etc.

Erziehung, die früher im Elternhaus erfolgt ist, wird nun oftmals an die Einrichtung weitergegeben und es wird erwartet, dass diese dann auch funktioniert, dort habe ich in den letzten Jahren die für mich größte Veränderung festgestellt, dass viele Eltern auch gerne diese Verantwortung abgeben und sich komplett auf den Kindergarten verlassen.

Liegt es vielleicht daran, dass die Kinder immer früher und immer länger in die Einrichtungen kommen? Wird es den Eltern vielleicht auch zu einfach gemacht und zu viel Verantwortung abgenommen? Wird den Eltern ggf. auch die Möglichkeit genommen sich mehr um die Kinder selbst zu kümmern, weil es in der heutigen Zeit gar nicht mehr anders geht?

Die Gründe für Eltern sind vielschichtig, für unsere Berufsgruppe ist es ein seit Jahren steigender Anspruch und damit gesteigerter Stress.

Viele Aufgaben müssen erlernt und gelernt werden und das in großen Gruppen, individuelle Betreuung und individuelle Förderung ist enorm schwer geworden: Selbstständigkeit erlernen, sich anziehen, Zahlen lernen, Buchstaben erkennen, Formen ausschneiden, Farben leben, Tiere bestimmen, bestimmte Ausdrücke erleben, Manieren verstehen und umsetzen, Hilfe zur Selbsthilfe, motorische Fähigkeiten fördern, Hände waschen(eine Aufgabe die viel Zeit in Anspruch nehmen kann), Zähne putzen (für einige Kinder absolutes Neuland), Empathie verstehen und erkennen, Emotionen zulassen und ausleben, Partizipation und das ist erst der Anfang.

Was bedeutet es, den ganzen Tag auf Empfang zu sein... die ersten Absprachen empfangen wir schon auf dem Weg vom Auto zur Einrichtung von Eltern, die uns noch schnell was zurufen, Telefon, Türklingel, Kollegen, Piepsen der fertigen Spülmaschine, singendes und leuchtendes Spielzeug, Kinder die von der Toilette um Hilfe rufen... und selbst in der Pause ist keine Zeit zum Abschalten. Vor dem Mitarbeiterraum ziehen sich die Kinder an um nach draußen zu gehen, auf dem Tisch liegen Fachbücher, an der Wand To-do-Listen und Terminkalender.

Geht man vor die Tür trifft man meistens Eltern, die dann gern das Gespräch suchen. Selbst auf dem stillen Örtchen ist keine Stille, im Vorraum ist der Wickeltisch und die Waschmaschine dreht unermüdlich ihre Trommel.

Für mich war das eine der größten Anstrengungen im Alltag, der dauernde Geräuschpegel, und das ist mir vor allem nach Feierabend aufgefallen.

Auf der Nachhausefahrt war Radio hören für mich unerträglich, ich brauchte die Stille und bin dankbar das ich damals diese Fähigkeit hatte die Stille dann auch auszuhalten, ich kenne viele Kollegen, die dies nicht konnten und in sich immer unruhiger wurden.

Und auch heute ist es für mich sehr anstrengend mich mit jemandem zu unterhalten, wenn der Fernseher oder das Radio laufen, dies ist eine Folge von meinen langen Jahren in einem Kindergarten und dem stetigen Lautstärkepegel.

In Gesellschaften fällt mir immer wieder auf, dass ich mich sehr konzentrieren muss um dem Gespräch folgen zu können, zu sehr achte ich auf Nebengeräusche immer in „Bereitschaft" falls was passiert, dieses ständige in Alarmbereitschaft sein ist auf Dauer für den Körper der größte Stressor und irgendwann kann es der Körper nur noch sehr schwer selbst regeln und braucht dann Hilfe von außen.

Die Selbstfürsorge ist ein wichtiger Baustein für alle Erzieher und kommt auch in der Ausbildung und in der Betreuung vor Ort viel zu kurz.

Dann musste ich dies ganz bewusst ausschalten und mir klar werden, dass ich gerade nicht für alle verantwortlich bin.

Was mir sehr zugutegekommen ist, dass ich sehr organisiert bin und vorausschauend gearbeitet habe. eDamit konnte ich manche Stressquelle schon verhindern.

Denn es kommen immer unvorhersehbare Dinge dazwischen und durch einen sehr hohen Krankenstand in meiner letzten Einrichtung musste ich immer flexibel bleiben und dies, weiß ich durch meine Arbeit als Trainerin für Kindergärten, war kein Einzelfall.

Was mir persönlich auch immer viel Stress gemacht hat, war mein eigener Anspruch für mich gute Arbeit zu machen, meine Ideen umzusetzen den Kindern eine tolle und vor allem entwicklungsunterstützende Kindergartenzeit zu bieten.

Zu oft musste ich Kinder vertrösten und wegschicken, weil mir einfach die Zeit gefehlt hat mit Ihnen zu spielen und ich dann oft danach auch mit meinem schlechten Gewissen leben durfte. Und selbst produzierter Stress ist ja noch mal doppelt effektiv.

Meine Planung habe ich schlussendlich sehr reduziert und somit auch meine Ansprüche. Aber daraus entwickelte sich eine große Unzufriedenheit meinerseits und dies hatte Auswirkungen auf Körper, Geist und Seele.

Wie oft haben wir vor den Beobachtungsbögen gesessen und uns gefragt wofür diese geführt werden, denn um wirklich fördernd zu arbeiten fehlt uns einfach die Zeit und diese Bögen sagen doch so wenig über die Kinder aus und sind aus meiner Sicht einfach unnötige Bürokratie.

Viele Dinge konnte man leider nur halbherzig erledigen, denn es schien wichtiger zu sein die Bewertungsbögen akkurat auszufüllen als sich um die Kinder zu kümmern.

Unser Austausch im Team wurde auch immer schwieriger, da für gemeinsame Planung wenig Zeit blieb und jeder irgendwie schaute, dass er in seiner Gruppe zurechtkam. So wurden Egoismen gefördert und dies ist für keine homogene Truppe sinnvoll.

Ständig musste man einspringen oder in einer anderen Gruppe aushelfen. Um mal zur Toilette zu kommen wanderte oft eine Kollegin von Gruppe zu Gruppe um die Kollegen mal abzulösen, wenn sie alleine waren, dass dies keine Tätigkeit war, die Zufriedenheit auslöst können Sie sich sicher vorstellen.

Hinzu kam die Elternarbeit, die sehr vielfältig geworden ist, führte man vor einigen Jahren noch Gespräche zum Entwicklungsstand des Kindes so benötigen immer mehr Eltern mittlerweile Unterstützung und Anregungen für den Alltag.

Die Informationsflut und das Angebot an Kursen, ob für Eltern und/oder Kinder sowie die „Konkurrenz" der Eltern im Wetteifern um das bestentwickelte Kind ist enorm angestiegen.

Gefühlt beginnt man heute bereits in der Schwangerschaft mit einem regelrechten Marathon was Kind und Kegel angeblich alles braucht und erleben muss, um dazuzugehören und prächtig entwickelt zu sein.

Das Problem, welches Eltern nicht bewusst ist, denn auch hier ist immer weniger Zeit, die sie wirklich mit ihrem Kind verbringen außer im Auto um sie von A nach B zu transportieren und so wertvolle Zeit verschwendet wird. Das Gespür für das eigene Kind und die Situation geht leider einigen im Alltagsstress verloren und lässt sie hilflos nach Ratschlägen und Unterstützung suchen. Das erklärt auch die Massen an Ratgeberbücher für Eltern oder für Paare, die Eltern werden wollen.

Zu meinen persönlichen Stressoren kam zudem die immer zunehmenden Extraaufgaben hinzu, wie Feste, kirchliche Veranstaltungen, Tag der offenen Tür etc., für die ich als alleinerziehende Mutter meist einen Babysitter engagieren musste und somit sowohl mein schlechtes Gewissen als Mutter stetig stieg, aber auch mein Portmonee immer leerer wurde und manchmal die Sorgen wuchsen.

Für mich hat sich irgendwann die Frage gestellt, wie lange ich das noch durchhalten möchte, da klar war es wird sich nichts ändern in dieser Einrichtung und mit diesem Träger.

Die Frage war, wird es woanders besser oder strebe ich nach der großen Veränderung?

Meine Lösung war die Kündigung nach 14 Jahren, raus aus dem unbefristeten Vertrag und raus aus all dem Druck und Stress, aber auch mit der Angst wie es weitergehen wird.

Ich habe mich intensiv coachen lassen, unter anderem von dem Mitschreiber dieses Buches, und habe auch viele Weiterbildungen für mich und meine persönliche Weiterbildung besucht, um neue Wege zu gehen.

Die Selbstständigkeit bringt auch Stress mit sich, aber positiven Stress und die große Chance mir den Alltag so zu gestalten, dass ich wieder so arbeite, dass ich den Kindern gerecht werde und auch mir.

Denn geht es mir gut – dann geht es den Kindern auch gut.

Engelchen und Teufelchen habe ich diesen Abschnitt genannt und ihnen einen Einblick in meine Tätigkeit als Erzieherin beschrieben, es ist mein Weg und hätte auch anders verlaufen können, eins kann ich aber mit 100 % Sicherheit sagen: Ich liebe diesen Beruf und bereue die Entscheidung in keiner Sekunde.

Es wird von außen viel dazu beigetragen, warum es mittlerweile zu wenig Erzieher gibt und es sollten mehr Engelchen Geschichten in die Einrichtungen transportiert werden, damit auch die eigene individuelle Förderung und Zufriedenheit mehr zu bieten hat, als jedes Teufelchen an Schaden anrichten kann.

2.2   Voll der lockere Job: Erzieherin!

Voll der lockere Job: Erzieherin! von Zeichnerin Renate Alf

Das Wichtigste direkt zu Anfang: Der Beruf „Erzieher/in"
ist mit Sicherheit einer der schönsten Berufe der heutigen
Zeit.

Ein Beruf mit hoher Verantwortung, mit viel Abwechslung
und immer neuen Herausforderungen – aber genau diese
Eigenschaften machen den Beruf zu einer der belastendsten
Tätigkeiten überhaupt.

Die Anforderungen an Erzieher scheinen gefühlt jeden
Tag zu steigen und damit auch die Belastungen für jeden
einzelnen Erzieher in Deutschland.

Seit 2013 haben Eltern einen Rechtsanspruch auf einen Kitaplatz für Kinder unter drei Jahren und die frühkindliche Förderung soll seither stetig verbessert werden.

Dieses Projekt war und ist für viele Kommunen eine große Herausforderung, welche weitreichende Auswirkungen auf die Erzieher in den Einrichtungen mit sich bringt.

Diese weisen ein hohes Stressaufkommen aufgrund großer physischer und psychischer Belastungen im Berufsleben auf. Sie sind im Durchschnitt häufiger krank als andere Berufsgruppen und die Gefahr, mit psychosomatischen Erkrankungen auszufallen, liegt höher als im Durchschnitt.

Auch bei der gesetzlichen Unfallversicherung registriert man eine Zunahme der Belastungen in Erziehungsberufen. „Der ständige Lärm, die körperliche Anstrengung durch zum Beispiel das Sitzen auf Kinderstühlen oder die gestiegenen Sicherheitsbedürfnisse der Eltern – all das sind Faktoren, die sich in den vergangenen Jahren verstärkt haben und bei aller Freude diese Arbeit zu einem extrem schwierigen Beruf machen", sagt Beate Eggert, Geschäftsführerin bei der Unfallkasse Rheinland-Pfalz (Die Welt).

Eine gute Stressprävention stellt gerade für Erzieher einen wichtigen Baustein für eine langfristige Gesundheit und Freude am Beruf dar.

Denn Erzieher befinden sich schnell in einem Hamsterrad von stetigen Belastungen und negativen Gedanken und riskieren damit eine mögliche Unzufriedenheit im Beruf, wenn sie sich kein wirksames Stressmanagement – auf ihre individuellen Bedürfnisse zugeschnitten – aufbauen.

Das Erkennen von Stressoren, das Umsetzen von persönlichen Bewältigungsstrategien und ein gesundes Zeitmanagement können eine große Hilfe darstellen.

Die Auswirkungen, die Stress auf den Körper hat, können sehr vielschichtig sein und es gibt kein generelles Empfinden von Stress und daher auch keine generelle Empfehlung, welche Methoden helfen.

Die Kunst beim Erleben von Stress ist in erster Linie, zunächst sich selbst und die eigenen Bedürfnisse kennen zu lernen, seinen Körper zu verstehen und Methoden zu finden, die sowohl kurz- als auch langfristig Unterstützung leisten können.

Die körperlichen Reaktionen auf Stress sind in der Regel bei allen Menschen gleich, jedoch reagiert jedes Individuum anders auf Stress und besitzt damit auch eine individuelle Stress-Schwelle.

Selbst das Individuum selbst reagiert von Tag zu Tag unterschiedlich auf Stress, denn die persönliche Verfassung ist nicht jeden Tag gleich, daher ist der erste Schritt schon morgens zu erkennen, wie „gestresst" man ist und was man für den Tag an Ressourcen benötigt.

Stress entsteht im Gehirn und wenn „Gefahr" droht, kommt es blitzschnell zu einer immensen Aktivierung von Hormonen und Energiemobilisierung.

Die Tätigkeit des Sympathikusnervs wird gesteigert und Energien in Muskeln und Gehirn werden freigesetzt, es erfolgt eine blitzartige Mobilmachung aller Körperreserven.

Im Grunde kann jeder Mensch damit gut umgehen, jedoch sind wir in der heutigen Zeit nicht mehr in der Lage, die Funktionen im Körper auch situationsgerecht umzusetzen, so werden diese Energien kaum noch freigesetzt, sondern man lernt, diese zu kontrollieren und somit wird gegen den eigenen Körper gearbeitet. Puls, Blutdruck und die Atemfrequenz steigen, der Magen-Darm-Bereich stellt die Verdauungsarbeit ein, die Blutzufuhr wird in die Arme und Beine umgeleitet, das Gehirn wird eher weniger durchblutet, weil dies zum Kämpfen oder Fliehen, wie zu Zeiten unserer menschlichen Ursprünge, nicht wirklich benötigt wird.

Man spricht von einer Alarmreaktion des Körpers, die auf jede Art möglicher Gefährdung der eigenen Person automatisch erfolgt.

Erzieher kommen oft in Situationen, in denen die Stressreaktionen des Körpers aktiviert werden, jedoch ist ein Ausleben dieser Funktion nicht möglich. Aus diesem Grund bedürfen Erzieher gerade im Berufsalltag kurzfristiger Methoden, um handlungsfähig zu bleiben.

Das „Problem" hinsichtlich der Funktionen im eigenen Körper ist, dass die frei werdenden Energien, wenn sie nicht genutzt werden, sich langfristig gegen den eigenen Körper richten.

Bei Daueralarm entsteht eine ständige Alarmbereitschaft und Abschalten fällt dem Körper immer schwerer – die Möglichkeit zu erkranken wächst.

Erzieher haben eine erhöhte Gefahr von Daueralarm, allein durch die Stressoren wie Lärm, ein Überangebot an Reizen und psychische Situationen wie Frust, Ärger und Angst.

Dieses Buch soll einen kleinen Ausblick und Überblick an hilfreichen kurz- und langfristigen Strategien zur Stressbewältigung geben.

2.3   Die stressigen Herausforderungen im Beruf

Erzieher sind meist für viele Eltern die ersten Menschen, denen das höchste Gut anvertraut wird, welches die Familie besitzt: das eigene Kind.

Für Eltern stellt die Wahl des „richtigen" Kindergartens schon eine erste Stresshürde dar: Wo wird mein Kind gut betreut und wo wird es sinnvoll gefördert?

Somit sind Erzieher ein wichtiger Baustein in der Entwicklung von Kindern und die Berufsgruppe der Erzieher hat damit einen im höchsten Maße anspruchsvollen Job.

Wusstest du schon? (Ingo Caspar)

Die Rollendefinition eines Erziehers sollte daher nicht das Gefühl eines Jobs haben, sondern das Gefühl einer Berufung und einer Liebe zu dem Beruf.

Jedoch machen die Umstände, unter denen viele Erzieher arbeiten müssen, dieses Gefühl sehr schwer und lassen diese häufig an die Grenzen ihrer Belastbarkeit stoßen.

Überfüllte Gruppen, zu kleine Gruppenräume, ein hoher Lärmpegel und kaum Möglichkeiten für rücken-schonendes Arbeiten sind hier nur ein paar der Beispiele.

Ein weiteres, nicht zu vernachlässigendes Thema im Bereich Stressentwicklung stellt in vielen Kitas der Umgang mit Überstunden dar. So wird in vielen Einrichtungen erwartet, dass Mitarbeiter quasi in ihrer Freizeit arbeiten, um zum Beispiel Festlichkeiten oder Übernachtungswochenenden zu unterstützen.

Ein Erzieher muss Rollen in sich tragen, die vielschichtig sind und ein hohes Maß an Flexibilität beanspruchen.

Eine der Rollen ist die des Verkäufers. Sie werden sich sicher wundern, warum dies so ist, denn eigentlich hat eine Erzieherin doch nicht wirklich etwas mit dem Verkauf zu tun, oder?

Doch! Das erste Elterngespräch, in welchem es um das Konzept der Einrichtung geht und vor allem um das Wohlfühlgefühl der Eltern und die anstehende Entscheidung „wollen wir unser Kind in diesen Kindergarten bringen?", ist auch ein Verkaufsgespräch.

Die Erzieherin sollte hier ihre Vorzüge, aber auch die der Einrichtung so verkaufen, dass die Eltern ein gutes Gefühl bekommen, um das Kind dann schlussendlich auch in der Kita anzumelden.

Folgerichtig benötigt der Erzieher hier ein gutes Selbstbewusstsein und Selbstwertgefühl, um als kompetenter Ansprechpartner wahrgenommen zu werden. Doch dieses Können ist nicht jedem in die Wiege gelegt worden und stellt somit manch einen vor eine große Herausforderung.

Zudem müssen Erzieher sich relativ oft auf neue Gegebenheiten einstellen, die zum einen von der Politik gesteuert und dann von den Einrichtungen an die Erzieher weitergetragen werden.

Ein immer früher greifendes Förderungsprogramm muss umgesetzt werden, damit die Kinder auf den weiteren Schulweg vorbereitet werden.

Dies bedeutet für Erzieher oft, dass sie sich auch in ihrer Freizeit weiterbilden müssen, da Weiterbildungen im Berufsalltag aufgrund von fehlenden personellen Ressourcen meist nicht durchführbar sind.

Die Dokumentationspflicht ist auch im Erzieherberuf stetig wachsend und raubt den Erziehern hier wertvolle Zeit, um sich um die eigentliche Kernarbeit zu kümmern.

Durch die stetig gewachsenen Herausforderungen ist Zeitmanagement ein zentrales Thema bei der Entwicklung von Stresserleben.

Die Gestaltung der Gruppe, die Förderung von Kindern, die eigentliche Arbeit mit diesen und darüber hinaus die Eltern- und Mitarbeitergespräche sind auch hier nur ein kleiner Ausschnitt aus der Tätigkeit eines Erziehers.

Ein stetig wachsendes Thema sowohl in der Gesellschaft wie auch im Bereich der Kitas sind Themen wie *Inklusion* und *Integration*.

Erzieher sind in vielen Bereichen die ersten Integrationshelfer und stehen auch damit häufig vor großen Herausforderungen.

Elterngespräche mit Eltern, die der deutschen Sprache nicht mächtig sind und zudem die Integration von Kindern aus verschiedenen Kulturen, sind zunehmend relevanter werdende Themen für Erzieher.

Hier bedarf es guter Konzepte, um dieser Herausforderung gerecht zu werden und zudem ein gut funktionierendes eigenes Stressmanagement, um dauerhaft leistungsfähig zu bleiben.

Erzieher müssen für die unterschiedlichsten Kinder offen sein und sich in ihrer Arbeit täglich reflektieren.

Empathie und Wertschätzung sind führende Charaktereigenschaften, zudem braucht es gute rhetorische Fähigkeiten und ein Seelentröstergen.

Erzieher haben einen wunderbaren Beruf, doch die Umstände lassen das Stresserleben von Erziehern auch stetig wachsen.

Laut Studie des BGW-DAK Stress-Monitorings (2000) ist der psychische Gesundheitszustand der Erzieher um 8,2 % schlechter als der Vergleichswert der berufstätigen Bevölkerung in der Bundesrepublik Deutschland.

Erzieher leiden erheblich stärker als die Vergleichsbevölkerung unter psychosomatischen Beschwerden (27 % über dem Durchschnitt).

Die beiden untersuchten Indikatoren unterstreichen somit, dass Erzieher überdurchschnittlich häufig unter Stress leiden.

2.4   Die unterschiedlichen Stresstypen bei Erziehern

Nicht jeder Mensch ist gleich – eigentlich ist jeder Mensch wunderbar einzigartig und diese Einzigartigkeit lässt auch einen verallgemeinerten Umgang mit Stress unmöglich werden.

Es gibt Menschen, die eine höhere Stresstoleranz als andere aufweisen. Zudem gibt es verschiedene Stresstypen und auch -fallen.

Hier bekommen sie einen kleinen Überblick über die unterschiedlichen Stresstypen und deren Fallen im Alltag.

Wenn sie sich immer mehr kennenlernen und dann auch einen Blick für ihre Gruppe und Kollegen haben und sehen können, welchen Typus sie vor sich haben, können sie in bestimmten Situationen vorausschauend reagieren.

Es gibt bei den Stresstypen kein richtig oder falsch und auch ist es durchaus möglich, dass sie sich in mehreren Bereichen wiederfinden. Das ist auch völlig in Ordnung, denn nicht jeder ist durchweg ein bestimmter, dominanter Typ.

Tipps gegen Stress Fotolia

Stresstyp: Zuerst die anderen

- Sie können schlecht Nein sagen.
- Sie sind eine gute Zuhörerin.
- Sie möchten niemanden enttäuschen.
- Sie finden es schlimm, wenn andere leiden.
- Sie fühlen sich in der Gruppe wohler als allein.

Sie sind offen und fühlen sich in Gesellschaft wohler, es tut Ihnen gut, wenn Sie anderen helfen können.

Dabei überschätzen Sie aber oft Ihre Kräfte und geraten dadurch häufig in Zeitnot und könnten am Ende selbst zu kurz kommen.

Tipp

Sie sollten erst mal innehalten! Was hatten Sie eigentlich vor?
Was ist jetzt wichtig? Wie geht es Ihnen dabei?
Reicht Ihre Zeit? Ist es Ihr Problem?
Warum wollen Sie dies jetzt lösen?

Stresstyp: Nur meine Schuld

- Sie fühlen sich oft beobachtet.
- Sie fürchten sich vor großen Festen.
- Sie nehmen Dinge oft persönlich.
- Sie sind schreckhaft.
- Sie geben Fehler gerne zu und nehmen auch Fehler anderer auf sich.

Sie sind sehr sensibel, nehmen Missstimmungen sofort wahr und fühlen sich dafür verantwortlich.

In Konfliktsituationen ziehen Sie sich gerne zurück und fühlen sich dabei schlecht.

Darüber hinaus können Sie schlecht für sich und Ihre persönlichen Bedürfnisse einstehen.

Tipp

Üben Sie Sätze wie: Es ist nicht mein Problem.
Versuchen Sie sich abzugrenzen und analysieren Sie ganz
genau, ob Sie wirklich beteiligt sind.
Führen Sie ein Erfolgebuch und schreiben Sie sich täglich
auf, was Sie gut gemacht haben.

Stresstyp: Ich bin die Beste

- Sie werden unruhig, wenn es nichts zu tun gibt.
- Sie arbeiten schneller als andere.

- Sie gehen spät ins Bett und stehen früh wieder auf.
- Sie halten nichts von Ablenkungen – bei anstehenden Aufgaben sind sie fokussiert.
- Sie neigen zur Ungeduld.

Sie sind ehrgeizig, entschlossen, lieben den Wettkampf und betteln um Mehrarbeit. Ein Job ohne Sie kann nicht funktionieren und für Zweifler bringen Sie kein Verständnis mit.

Nur Sie können Dinge zufriedenstellend erledigen und Sie beäugen die Arbeit anderer stets kritisch.

> **Tipp**
>
> Bauen Sie Vertrauen auch für andere Menschen auf, gehen Sie auf Menschen zu und lassen Sie anderen auch Mal den Vortritt.
> Spüren Sie, dass auch andere einen guten Job machen können, damit Sie auch mal loslassen und sich um sich kümmern können.

Stresstyp: Alles muss perfekt sein

- Sie lieben To-do-Listen.
- Sie mögen keinen Überraschungsbesuch.
- Sie sind immer früher bei Terminen.
- Sie hassen ungenaue Anweisungen.
- Sie schaffen gerne Ordnung.
- Sie sind selten wirklich zufrieden mit dem, was sie geleistet haben.

Sie sind sehr gut organisiert und zuverlässig, dass kann auch Stress verursachen, wenn z. B. Kleinigkeiten schiefgehen.

Sie wollen alles zu 100 % erledigen und dies schaffen Sie gefühlt nie, weil Sie überhaupt nicht wissen, an welchem Wert sie sich orientieren müssen.

Tipp

Setzen Sie sich erreichbare und messbare Ziele. Definieren Sie ihren Perfektionismus, damit Sie auch mal spüren, wie es sich anfühlt, eine Aufgabe zur vollsten Zufriedenheit erledigt zu haben.
Lernen Sie, sich zu entspannen!

Weitere allgemeine Stresstipps

- Denken Sie gut über sich selbst.
- Entwickeln Sie eine kindliche Begeisterung, holen Sie das innere Kind wieder zurück.
- Entwickeln Sie Ihren eigenen Stil.
- Trauen Sie sich was, Routine ist ein Charisma-Killer. Gehen Sie öfter raus aus der Komfortzone.
- Interessieren Sie sich auch mal für andere.
- Seien Sie authentisch, passen Sie sich nicht an, nur um jedem zu gefallen.
- Achten Sie auf ihre Körpersprache.
- Stellen Sie sich vor den Spiegel und üben Sie, sich gerade hinzustellen.
- Halten Sie den Kopf oben.

Wichtig ist es, Dinge einfach zu tun und Veränderung zu leben – und das jeden Tag. Suchen Sie keine Ausreden, um Ihr persönliches Programm zur Stressbewältigung zu schwänzen.

Literatur

BGW-DAK (Hrsg) (2000) BGW-DAK Stress-Monitoring. Stress bei Erzieher/innen. http://people.f3.htw-berlin.de/Professoren/Pruemper/instrumente/KFZA-BGW-DAK-Stress-Monitoring_Erzieherinnen.pdf. Zugeriffen: 23. Okt. 2018

3

Stressmodelle Neandertaler vs. heutige Zeit

3.1 Stress in der Urzeit!

Der Neandertaler vor ein paar Millionen Jahren: Kannte dieser schon Stress?

Oder vielmehr: Hat der Neandertaler bereits mit den Auswirkungen von Stress so zu tun gehabt, wie wir es in unserer heutigen Gesellschaft tun?

Die Auswirkungen von Stress in der heutigen Zeit wurden auf den Vorseiten aufgezeigt, nun schauen wir ein paar Millionen Jahre zurück.

Der Neandertaler wacht eines schönen Morgens auf, reckt und streckt sich. Sein erster Blick geht Richtung Feuerstelle, die noch müde vor sich hin lodert und ihm signalisiert, dass er Feuerholz besorgen muss.

Er blickt in die Runde, sieht seine Kinder, seine behaarte Ehefrau und deren hungernde Blicke, die ihm sofort signalisieren: Hunger … Geh jagen.

© Springer Fachmedien Wiesbaden GmbH, ein Teil von Springer Nature 2019
I. Caspar und A. Heim, *Der Anti-Stress-Trainer für Erzieher,*
Anti-Stress-Trainer, https://doi.org/10.1007/978-3-658-25481-0_3

Der Körper des Neandertalers wird da auch schon Stress empfunden haben, als er sich seinen Knüppel schnappte und sich in die Ungewissen des Waldes bewegte, um zu jagen. Wahrscheinlich dachte er: Was wird mich erwarten – ein schnell erlegbares Schwein oder der gefährliche Säbelzahntiger?

Doch der Neandertaler musste eine Wegstrecke in Kauf nehmen, um an seine Jagdplätze zu kommen und somit hatte er Zeit, seinen Körper ein wenig zu beruhigen.

Doch plötzlich: Ein Knacken im Geäst und der Neandertaler verharrt einen kurzen Moment, die sogenannte vagotone Schockphase – auch Schrecksekunde genannt.

Dieser Moment, der den Körper auf folgende Situationen vorbereitet, auf Kämpfen oder Fliehen (Fight or Flight) stellt den Körper in 1/10 s auf Kämpfen oder Fliehen ein.

Hormone werden ausgeschüttet, die Blutverteilung wird vorrangig auf die Körperstellen umgeleitet, die zum Kämpfen oder zum Fliehen verwendet werden.

Die Arme und Beine werden bevorzugt behandelt, der Kopf und die Verdauungsregion werden in dieser Zeit nicht voll versorgt, sodass der Körper klar den Fokus auf das Ereignis legt- bis hin zu dem sogenannten Tunnelblick, einem Zustand, in dem der Neandertaler nur das vor sich liegende wahrnimmt und ein rechts oder links schauen fast unmöglich gemacht wird.

Der Körper des Neandertalers bereitet diesen also in einem Bruchteil einer Sekunde auf einen Kampf- oder Fluchtmodus vor, dies machte zu dieser Zeit viel Sinn.

Stellen wir uns vor, dass das Knacken im Geäst der Säbelzahntiger gewesen wäre. Wenn der Körper erst einmal in einen Beobachtermodus gehen würde, würde es ggf. so ablaufen:

Auge an Gehirn: Vor uns eine große, gelb gestreifte Gestalt mit zwei großen scharfen Zähnen gesichtet. Dieses Wesen nähert sich in einer gefühlt schnellen Geschwindigkeit auf uns zu.

Gehirn an Auge: Danke für die Info, ich schaue mal nach Referenzen, einen Moment bitte.

Auge an Gehirn: Ich warte gerne, nehme nur gerade wahr, dass die Masse sich permanent mit der Zunge über das Maul schleckt. Ich weiß, es ist nicht mein Job, würde es aber als Hunger bewerten.

Gehirn an Auge: Liebes Auge, danke für deine großartige Beobachtung, es scheint, als wäre dieses Ding ein Säbelzahntiger und birgt große Gefahr. Ich leite mal den Kampf bzw. Fluchtmodus ein.

Gehirn an Herz: Herzfrequenz steigen lassen.

Gehirn an Lunge: Schnelles Atmen.

Gehirn an Hormone: Alle nötigen Hormone zum Kämpfen oder Fliehen ausschütten.

Gehirn an Blutkreislauf: Umleiten an Arme und Beine.

Gehirn an Auge: Fokus auf den Säbelzahntiger.

Gehirn an Beine: Laufen …

Wenn der Körper so funktionieren würde, wäre der Neandertaler wahrscheinlich direkt gefressen worden, daher ist es eine Meisterleistung des Körpers, in 1/10 s Dinge wahrzunehmen und einzugruppieren, ob Gefahr besteht oder eben nicht.

Das Wissen, dass ein Säbelzahntiger eine Gefahr darstellt, wird der Neandertaler im Laufe der Zeit gelernt haben und je nach Option wird er sich für Kämpfen oder Fliehen entschieden haben.

Der Neandertaler hatte jedoch die Möglichkeit, mit den Systemen im Körper gut zurecht zu kommen, er konnte sowohl kämpfen als auch fliehen.

Er war viel unterwegs, musste Feuerholz holen und sich um Nahrungsbeschaffung kümmern. Bei Stressaufkommen hatte er anschließend viel zu erledigen, wodurch das Stresslevel wieder auf Normalfunktion gedrosselt wurde.

Er hatte perfekte Möglichkeiten, den Stress so zu bearbeiten, wie es vom Körper eigentlich gedacht war.

Studien über stressbedingte Erkrankungen bei Neandertalern sind nicht bekannt.

3.2   Stress in der heutigen Zeit! Neandertaler vs. Mensch von heute!

Wie sieht es oft in der heutigen Zeit aus?

Sind wir noch in der Lage, den körpereigenen Reaktionen so viel Zeit und Raum einzugestehen, wie es eigentlich benötigt wird?

Das Leben wird in vielen Fällen von der Uhrzeit geregelt, der Wecker am Morgen, die Snooze-Taste direkt danach: Viele wachen schon unter Stress auf.

Hektik am Morgen – eventuell ist noch Zeit für einen schnellen Kaffee oder eine Morgenzigarette.

Frühstücken? Klappt nicht, hab es eilig, am Morgen ist immer Stau, die Bahn fährt nicht oder der Bus hat Verspätung.

Sind Kinder mit in der Familie ist der gefühlte Stress oft noch ein Stück größer. Für die Kinder muss das Pausenbrot gemacht werden, ihnen wird beim Anziehen geholfen und sie müssen zum Kindergarten oder zur Schule gebracht werden.

Im Auto der erste Stau, am Bahnhof den Anschlusszug verpasst und schon kann es losgehen: erhöhte Pulsfrequenz, schnellere Atmung – das Stresslevel steigt.

Dann überholt noch jemand auf der rechten Spur, Ärger steigt auf und kurz danach schneidet dieser jemand auch noch die Spur.

Der Uhrzeiger tickt, schafft man es pünktlich zur Arbeit?

Die ersten Minuten auf der Arbeit: Die ersten Eltern stehen schon vor der Öffnungszeit mit den ersten Fragen oder Anweisungen vor der Tür.

Auf den ersten Blick sehen Sie schon kranke Kinder, die eigentlich nach Hause ins Bett gehören und die ersten Krokodilstränen müssen getrocknet werden.

Sie wissen, dass heute ein anstrengender Tag wird, da die Kollegin schon seit Tagen krank ausgefallen ist und es keinen Springer gibt. Es gibt zudem noch so viel vorzubereiten, der Kopf dröhnt schon, bevor Sie überhaupt mit der eigentlichen Arbeit begonnen haben.

Ihre Chefin kommt dann noch zu Ihnen und gibt Ihnen mal eben auf die Schnelle eine weitere Aufgabe, die Sie doch schnell erledigen können.

Zudem wird Ihnen bewusst, dass dann ausgerechnet heute die Eingewöhnungszeit von sieben Kindern beginnt und in Ihrer Gruppe sowieso schon viele Kinder vertreten sind, die kaum etwas selbstständig können.

Im Laufe des Morgens müssen Sie sich ohne Hilfe um den Durchfall der halben Gruppe kümmern und Ihr Rücken gibt Ihnen schon relativ früh am Morgen das Signal: Hey, für heute reicht es bitte.

Durch den Stress der letzten Tage hatten Sie wenig Vorbereitungszeit für Ihre tägliche Arbeit und Sie merken, dass die Zeit Ihnen davonläuft.

Und ach Gott – dann ist heute mal wieder eine Teamsitzung, bei der Sie sowieso wissen, dass es dort keine vernünftigen Ergebnisse geben wird. Was für ein Tag und Sie schauen auf die Uhr und sehen: Es ist erst 11 Uhr vormittags.

Ihre Kinder in der Gruppe lassen sich von der Unruhe anstecken und die Kinder, die von zu Hause kaum Regeln kennen, nerven Sie heute noch ein wenig mehr als sonst – der Puls steigt minütlich an. Dann ist da dieses eine Kind, zu dem Sie schon länger keinen wirklichen Draht aufbauen konnten und dieses Kind hat es heute auf Sie abgesehen und versucht Sie zu ärgern und zu provozieren. Sie merken langsam, wie die innerliche Unruhe stetig steigt und Sie würden am liebsten jetzt einmal richtig auf den Tisch hauen, aber Sie schlucken ihren Ärger wie so oft einfach herunter.

Die ersten Anzeichen eines Tunnelblickes sind da und der Tag wird mit Flüchen bedacht. Wären Sie doch einfach im Bett geblieben oder würden sich doch auch einfach mal krankmelden, aber das geht nicht, da bricht ja hier alles zusammen und das können Sie ihren Kollegen – und natürlich auch den Kindern – nicht antun.

„Aber wann komme ich denn mal?", denken Sie sich leise und sind traurig über diesen Tag. Sie wissen aber auch, dass noch viele solcher Tage kommen werden.

In der kurzen Mittagspause kommt die eine Kollegin, die immer alles besser macht und wieder mit ihren tollen Ergebnissen prahlt, und Ihnen einen mitleidigen Blick mit auf den Weg gibt.

Genau diese Kollegin hatte alle Materialien bei sich im Raum gebunkert und gibt diese nicht heraus. Eigentlich wollten Sie dies schon seit Tagen zum Thema machen, aber jetzt fehlt Ihnen einfach die Kraft, sich gegen diese Kollegin aufzulehnen und sich zu streiten.

Durch den Ausfall der Kollegin sollen sie dann noch Aufgaben übernehmen, die ihnen echt schwerfallen und die Ihnen keinen Spaß bereiten, aber da Ihnen die Kraft fehlt und Sie merken, dass Ihr Stresslevel gerade sehr hoch ist, nicken Sie das einfach auch noch ab. „Was solls, das schaffe ich natürlich auch noch", geben Sie sich selbst die Instruktion.

Das Telefon und die Türklingel stehen heute auch nicht still und der Feierabend ist in weite Ferne gerückt. Kurz bevor man schließlich gehen wollte, ruft der Ansprechpartner vom Träger an, ob ein kurzes Gespräch möglich sei.

Die Gedanken rasen: Was können die denn jetzt noch wollen?

Eigentlich würden Sie jetzt gerne sagen, dass ihnen das jetzt nicht so passt und sie lieber nach Hause gehen würden, aber das trauen Sie sich nicht, aus Angst, dass diese Antwort Konsequenzen bedeuten könnten.

Die Gedanken kochen, der Körper reagiert und Sie merken, dass Sie kurz davor sind, Ihre Fassung zu verlieren. Es fühlt sich an wie im Hamsterrad und weitere Gedanken kommen dazu: „Ich mache doch hier einen perfekten Job! Ich arbeite so gewissenhaft und jetzt muss ich zu einem Gespräch? Warum ich und nicht die Anderen, die hier den ganzen Tag eigentlich nichts tun! Ach, ich kündige direkt oder gehe woanders hin, das habe ich doch gar nicht nötig.".

Der Körper ist auf Alarmbereitschaft wie beim Urzeitmenschen beim Knacken im Geäst.

Der Mensch ist in seinen Körperfunktionen immer noch Homo Sapiens 1.0 – wir wurden seit dieser Urzeit nicht mehr upgedatet wie Windows oder das iPhone. Der Mensch funktioniert in diesen Bereichen wie der Neandertaler.

Er bereitet sich auf Kämpfen oder Fliehen vor, nur das dies in einem persönlichen Gespräch mit dem Chef schlecht zum Tragen kommt, denn weder der Knüppel noch der Fluchtreflex sind in dieser Situation angebracht. Also heißt es gegen den Körper zu arbeiten, dem Impuls zu widerstehen und es erst mal auszuhalten und zu verdrängen.

Der Mensch hat mittlerweile eine überwiegend sitzende Haltung eingenommen, Auto fahren, im Büro arbeiten, Fernsehen, aus einem Bewegungswunder wurde eher ein Sitzkissen. Dies ist in Ihrem Job etwas anders, dafür sind bei Ihnen die Stressoren auch häufiger vorhanden als in anderen Berufen.

Doch der Mensch ist nicht aufs Sitzen ausgelegt. Die Körperfunktionen sind auf Jagen ausgelegt. Nur dass die Blicke im Supermarkt sicher komisch wäre, wenn sie ihr Fleisch mit dem Speer erlegen würden.

1/10 s braucht der Körper um hochzufahren, ab einer halben Stunde nach der Stress auslösenden Situation fängt der Körper an, herunter zu fahren.

Wie schon beschrieben, ist das Gehirn weniger mit Blut versorgt, weil dieses nicht zum Kämpfen oder Fliehen gebraucht wird. Vielleicht kennen Sie das ja, dass in der Reflektion von solchen Ereignissen auch mal Dinge gesagt werden, die Ihnen im Nachhinein leidtun.

In solchen Momenten ist das Gehirn auf dem Niveau einer Schildkröte und haben Sie schon einmal versucht, mit einer Schildkröte zu diskutieren?

Gerade bei Kindern, die sich streiten, gibt es den Impuls, dass diese sich sofort wieder vertragen. Doch oftmals ist es den Kindern in dem Status, in dem sie sich gerade befinden, überhaupt nicht möglich, dies zu tun.

Ihr Tag brachte Sie an Ihre persönlichen Grenzen und hat Sie häufig auf Kämpfen oder Fliehen eingestellt. Zudem waren Sie möglicherweise des Öfteren an Ihren persönlichen Belastungsgrenzen und gerade an solchen Tagen bedarf es auch kurzfristiger Strategien, um handlungsfähig zu bleiben.

Der Abschn. 3.4 „Kurzfristige Erleichterungen" gibt Ihnen hilfreiche Tipps, um auch an solchen Tagen etwas entspannter durch den Tag zu kommen.

3.3   Stressreaktionen

Stressreaktionen haben sowohl kurz- als auch langfristig Auswirkungen auf den Körper.

Die sofortigen Reaktionen

Gehirn: Das Denk- und Erinnerungsvermögen nimmt zu, das Schmerzempfinden sinkt.
Gerade das sinkende Schmerzempfinden ist für Erzieher eine wichtige Information, denn gerade kleine Kinder, die miteinander streiten oder sich prügeln, empfinden relativ wenig Schmerzen in dieser akuten Situation.
Augen: Die Pupillen weiten sich, damit drohende Gefahr besser erkannt wird.
Eine gute Beobachtung von Körpersprache kann schon helfen, um in vielen Situationen rechtzeitig zu handeln.
Lunge: Die Bronchien weiten sich, die Atmung ist beschleunigt. Über die Lunge wird mehr Sauerstoff aufgenommen.
Auch diese Stressreaktion des Körpers lässt sich sehr gut erkennen.
Herz: Puls und Blutdruck steigen.
Leber: Sie stellt zusätzlichen Treibstoff für die Muskelzellen zur Verfügung.
Nebennieren: Hier werden die Angriffs- und Fluchthormone produziert – die Katecholamine.
Milz: Die Milz schwemmt vermehrt rote Blutkörperchen aus, damit mehr Sauerstoff zu den Muskeln transportiert werden kann.
Haare: Die Körperhaare richten sich auf.
Darm und Harnblase: Die Verdauung setzt aus, um Energie zu sparen.

In einigen Situationen kann es auch zu einer spontanen Entleerung kommen, der Spruch: „Vor Angst in die Hose machen" kann leider wirklich passieren.

Muskeln: In den großen Muskeln weiten sich die Blutgefäße zur besseren Energieversorgung.

Geschlechtsorgane: Je länger der Stress anhält, desto mehr wird die Produktion der Geschlechtshormone gedrosselt.

Der Körper funktioniert in seiner Normalfunktion wie ein Uhrwerk: Je mehr Stress auf den Körper einprasselt und umso weniger Strategien dagegen benutzt werden, umso mehr lässt das Uhrwerk einen aus dem Gleichgewicht gleiten.

3.4 Kurzfristige Erleichterungen

In vielen stressigen Momenten ist es kaum möglich, eine langfristig wirkende Methode gegen Stress anzuwenden.

Was ist zu tun, wenn man in eine Situation gerät und körperlich merkt, dass das Stresslevel steigt?

Wie der Körper reagiert und welche Auswirkungen dies auf den ganzen Organismus hat, hat dieses Buch Ihnen aufgezeigt, langfristige Methoden müssen Sie ganz individuell für sich finden.

Das Wunderbare ist: Der Körper gibt uns viele Signale, welche kurzen Erleichterungen er benötigt, um kurzfristig das Stresserleben zu reduzieren und handlungsfähig zu bleiben.

Vielleicht sind Ihnen an sich auch schon Dinge aufgefallen, die Sie machen, wenn Sie unter Stress geraten, wie zum Beispiel schneller atmen oder sich vermehrt zu bewegen.

Es gibt die verschiedensten Signale, auch ein ständiges Tippen mit den Füssen oder Schnippen mit den Fingern kann ein Signal für gerade erlebten Stress sein.

Gerötete Haut im Gesicht ist ein Merkmal, dass der Blutdruck steigt. Ebenfalls signalisieren schwitzende Hände, dass der Körper gerade reagiert.

Es gibt Menschen, die unter Stress schneller als normal sprechen. Bei Frauen hingegen erhöht sich die Stimmlage häufig um eine Oktave.

Dies kann in Streitgesprächen bei dem Gegenüber schon einmal das Gefühl auslösen, den Anderen nicht mehr allzu ernst zu nehmen, wenn dieser plötzlich wie Mini Maus spricht.

Achten Sie in Zukunft in stressigen Momenten darauf, was der Körper mit Ihnen macht und nutzen Sie diese Reaktion in Zukunft als kurzfristige Erleichterung.

In einer stressigen Situation, aus der Sie sich nicht entziehen können, ist ein bewährtes Mittel, ganz bewusst die Muskulatur anzuspannen.

Spannen Sie einmal ganz bewusst für 10 s die Oberschenkelmuskulatur an und lösen diese dann wieder und wiederholen das dreimal hintereinander.

Der Körper erhält ein Signal, dass die Muskulatur beansprucht wird und Sie werden merken, dass der Stresspegel sich ein Stück weit reduziert.

Oder – wie das Sprichwort schon so schön sagt – ballen Sie mal die Faust in der Tasche, auch dies sieht Ihr Gegenüber nicht, aber Sie haben damit eine Möglichkeit, Stress zu kanalisieren.

Nutzen Sie die Möglichkeit Ihrer Fantasie, wie schon in dem Kapitel Lautstärke beschrieben (s. Abschn. 4.1), gilt es auch in anderen Stresssituationen, sich aus dem Ereignis kurz heraus zu beamen.

Beamen Sie sich an den Ort Ihrer Wahl. Klar – Sie müssen dabei natürlich Ihr Gesicht wahren, wenn Sie dabei aussehen wie im Tiefschlaf, wird Ihr Gegenüber natürlich merken, dass Sie gedanklich nicht mehr bei dem Geschehen sind.

Atmen Sie ganz bewusst ein und aus, zählen Sie leise Ihre Atmentzüge und spüren Sie dabei, wie sehr Sie das entspannen kann.

Atmen macht der Körper von ganz allein und am Tage denken Sie wahrscheinlich nicht daran. Einatmen und ausatmen ist automatisiert und überlebenswichtig und erfolgt daher unbewusst.

Atmen stellt eine wunderbare Methode dar, um das Stresslevel zu senken und sich zu beruhigen.

Verringern Sie zudem Ihre Stressdosis, wenn Sie merken, dass Sie gerade zu viele Umwelteinflüsse um sich haben. Versuchen Sie dann einmal, die unnötigen Stressoren auszuschalten, sofern das möglich ist.

Schalten Sie das Radio aus oder stellen Ihr Handy mal auf stumm oder sogar mal ganz aus.

Jede Quelle, die in einer solchen Situation wegfällt, ist ein Gewinn für Ihre Stressreduzierung.

Es gibt Situationen, in denen es auch mal angebracht ist, eine spontane Abreaktion zu haben, die Faust, die auf dem Tisch landet oder die zugeschlagene Tür oder ein lauter Schrei können in der entsprechenden Situation helfen, um den Stress zu reduzieren.

Sie werden am besten wissen, wann diese Situation für Sie eintritt, in der Sie eine Abreaktion anwenden können.

In der Kita können Sie Materialien wie Ton oder auch Papier nutzen. Bearbeiten Sie dieses Material rein zum Stressabbau.

In Situationen mit der eigenen Gruppe und in denen Sie vielleicht gar nicht viel an der Hand haben, drücken Sie mit der eigenen Faust lange den Daumen und schließen diesen ein und drücken zu, auch dies hilft, um den Stress zu minimieren.

Spielen Sie ein Spiel, auch das kann helfen, Ihr Stressempfinden zu reduzieren. Suchen Sie sich aber ein Spiel aus, welches Ihnen guttut, ein „Mensch ärgere dich nicht", wenn Sie nicht gut verlieren können, bietet sich hier nicht an.

Kurze Zeilen in einem Buch lesen hilft auch schon den Stress zu reduzieren, nach Studien ist bei sechs Minuten täglichen bewussten Lesens schon die Möglichkeit gegeben, Ihren Stress zu reduzieren.

Überprüfen Sie zudem Ihre Gedanken in einer akuten Situation, gehen Sie dann tief in sich und geben sich selbst einen Stopp und denken einmal bewusst, was Sie gerade tun und was Sie dabei denken. Wenn Sie merken, dass Sie sich gerade in einer Denkfalle befinden, resetten Sie sich und starten Sie Ihren Gedanken neu.

Kleine Kaubewegungen ausüben. Ausgiebiges Gähnen und den Kiefer nach links und rechts bewegen gibt dem Gehirn ein kurzes Signal, etwas herunterzufahren.

Massieren Sie sich leicht die Fingerkuppen, auch hier sind Sie in der Aktivität mit sich selbst und legen den Fokus weg von dem Stressereignis.

Essen Sie Obst und Gemüse, auch hier haben Sie wieder die Kaubewegungen und durch die Geschmacksrezeptoren bekommt der Organismus ein neues Signal in einer stressigen Situation.

Es gibt eine Vielzahl von kurzfristigen Erleichterungen, die Ihnen Ihr Arbeitsumfeld bietet und die Sie leicht in Ihren Arbeitsalltag integrieren können. Zudem bietet der Körper auch eigene Ressourcen an für kurzfristige Erleichterungen, um zu entspannen. Probieren Sie sich aus, schauen Sie, was Sie ganz bewusst tun können, üben Sie dies jeden Tag, damit Ihr Notfallkoffer im Stress immer größer wird.

Sie können das Wissen mit der Sachebene vom Konfliktgespräch verknüpfen. Sobald Sie spüren, dass Sie unter Stress stehen, analysieren Sie die Situation auf der Sachebene. Was passiert gerade? Atmen Sie bewusst und setzen Sie sich auch im Kopf ein Stoppsignal, suchen Sie sich dafür einen kurzen positiven Satz wie zum Beispiel: „Ich schaffe das schon" und läuten Sie dann Ihre kurzfristigen Erleichterungen ein.

Wenn Sie merken, dass eine Erleichterung Ihnen nicht reicht, dann nutzen Sie mehrere. Sie werden merken, dass sich allein durch den veränderten Fokus schon eine Menge ändern wird.

Ein täglicher bewusster Gebrauch der kurzfristigen Erleichterungen wird ihnen auf Dauer helfen, relativ schnell auf aufkommenden Stress zu reagieren.

Kurzfristige Erleichterungen

Technik	Beschreibung	Beispiele
Spontane Entspannung	Entkrampfung und Lockerung der Muskulatur	Tief ausatmen, an- und entspannen einzelner Muskeln
Innere Ablenkung	Bewusste Hinwendung zu angenehmen Gedanken und Empfindungen	Denken an Kinobesuch, Sport, Familie, Hobby usw. Vorstellen von Urlaub, Sonne, Gerüchen etc.
Äußere Ablenkung	Sonstige Aktivitäten, die von der Belastung ablenken	Besuch bei Freunden, spazieren, Film anschauen, Musik hören, aus dem Fenster schauen
Positive Selbstinstruktion	Systematisch eingesetzte Gedanken zur Selbstmotivation	„Das packe ich", „ich bin gut", „ich bin ganz ruhig", „ich schreibe eine 2"
Abreaktion	Abreaktion aufgestauter Energien durch körperliche Aktivität	kurzer Sprint, Waldlauf, Treppensteigen, Gartenarbeit
Verringern der Stressdosis	Ausschalten unnötiger zusätzlicher Stressoren	Radio, Stereoanlage, TV, Handy und Laptop ausschalten etc.

4

Die Stressoren für Erzieher

4.1 Stressor Lautstärke

Schäden durch Lärm sind keine Seltenheit, denn Stille als solches ist in der heutigen Zeit kaum noch gegeben und es gibt einen hohen Prozentsatz von Menschen, die Stille auch kaum noch aushalten können.

Der Morgen beginnt mit einem Ton des Weckers oder einer Musik. Je nach Schlaf ist dieser Ton unterschiedlich laut und je nach persönlicher Präferenz auch individuell lang. Danach geht der Tag munter mit Geräuschen weiter.

Das Tropfen des Wasserhahns, das Benutzen der Zahnbürste, die Klospülung, das Wasser aus der Dusche, danach übergehend evtl. das kochende Teewasser oder die Lautstärke von dem Kaffeeautomaten, selbst im Zuhause gibt es kaum Möglichkeiten, Geräuschen aus dem Weg zu gehen.

Im Alltag kommen dann die Straßengeräusche wie die der Straßenbahnen, Autos oder Flugzeuge dazu. Außerdem steigt

© Springer Fachmedien Wiesbaden GmbH, ein Teil von Springer Nature 2019
I. Caspar und A. Heim, *Der Anti-Stress-Trainer für Erzieher*, Anti-Stress-Trainer, https://doi.org/10.1007/978-3-658-25481-0_4

die Zahl derer, die auch im Straßenverkehr über Kopfhörer Musik hören stetig.

Der Mensch ist demnach einer stetigen Geräuschkulisse ausgeliefert und hat sich in vielen Bereichen auch schon daran gewöhnt bzw. kann das Gegenteil – die Stille – kaum noch aushalten.

Kennen Sie das Gefühl, welches sich im Körper breitmacht, wenn in Meetings oder Gesprächen eine Stille einsetzt? Man fühlt sich sehr unbehaglich und bekommt das Gefühl, etwas sagen zu müssen.

Versuchen Sie einmal den Selbsttest, setzen Sie sich zu Hause bequem hin und lauschen Sie bewusst der Stille und stellen wirklich alle Nebengeräusche einmal aus, wie lange können Sie dies genussvoll aushalten?

Dieser Test zeigt Ihnen eindrucksvoll, wie sehr Sie sich schon an Geräusche gewöhnt haben und wie schwer Ihnen die Stille fällt.

Achtsamkeit und Meditation sind immer mehr im Kommen, da vielen Menschen bewusst wird, dass etwas geändert werden muss, um mit den Herausforderungen des Alltags zurechtzukommen.

Lärm beeinträchtigt, teilweise ohne dass es kurzfristig merkbar ist, nicht nur das subjektive Wohlbefinden, sondern kann auch gravierende Auswirkungen auf die Gesundheit haben.

Erzieher haben in ihrem Berufsleben oft laute Geräusche zu ertragen und im Gegensatz zu anderen Berufen – wie zum Beispiel in der Metallindustrie – kann ein Erzieher keinen Hörschutz tragen, um der Lautstärke zu entfliehen.

Zu den psychischen Belastungen durch den Lärmpegel kommen auch die physischen Belastungen hinzu – eine dauerhafte Hörschädigung kann die Folge dessen sein.

Als Lärm bezeichnet man den Schall, den ein Mensch als störend oder belästigend empfindet.

Ab wann man etwas als Lärm bezeichnet, kann objektiv nicht festgelegt werden und liegt in der individuellen Beurteilung jedes Einzelnen.

Je nach Art des Geräusches, der Lautstärke und der Einwirkzeit kann Lärm sich negativ auf das psychische, physische und soziale Wohlbefinden auswirken.

Erzieher stehen hier vor der Bewältigung einer großen Herausforderung, da die Lärmverursacher – also die Kinder – nicht mal eben abgeschaltet werden können und das Verständnis, dass dieser Lärm als störend empfunden wird, in einigen Bereichen eher als gering einzuschätzen ist.

Damit haben Erzieher schon mehrere „Baustellen". Einerseits müssen sie schauen, wie der Lärmpegel reduziert werden kann und andererseits fragen sie sich, wie sie die persönlich empfundene Lärmbelastung ansprechen können, damit dies beim Gegenüber auf Verständnis stößt.

In einer Umfrage der Betriebskrankenkasse Kassel bei Erziehern haben rund die Hälfte der Befragten Lärm als wichtigsten Belastungsfaktor angegeben.

In vielen Einrichtungen stellen die baulichen Maßnahmen ein weiteres Kriterium dar, warum der Lärmpegel in Kindergärten als störend empfunden wird.

Großzügig geschnittene Gruppenräume mit großen Fensterflächen, zudem aufgrund von hygienischen Gründen der Verzicht auf schalldämmende Teppichböden, sind ein paar Gründe, warum der Lärm in Kindergärten wenig gedämpft wird.

In Untersuchungen in einigen Kindergärten wurden Lärmpegel von 85 dB(A) gemessen, bei dieser Geräuschentwicklung müssten Arbeitgeber ihren Angestellten eigentlich einen Gehörschutz zur Verfügung stellen und dieser müsste auch angewendet werden.

Zum besseren Verständnis des Schalldruckpegels hier noch ein paar Beispiele:

- 10 dB(A) tickende Armbanduhr
- 30 dB(A) Flüstern
- 50 dB(A) Musik in Zimmerlautstärke
- 70 dB(A) Rasenmäher
- 80 dB(A) Vorbeifahrender PKW
- 100 dB(A) Motorsäge
- 120 dB(A) Presslufthammer

Bereits bei einem Lärmpegel ab 30 dB(A) können – abhängig von der individuellen Empfindsamkeit einer Person – der Schlaf und die Leistungsfähigkeit beeinträchtigen werden.

Ab etwa 90 dB(A) kann es bei dauerhafter Lärmeinwirkung zu einer nicht heilbaren Schädigung des Innenohrs kommen.

Erzieher brauchen hier sowohl Konzepte, die von der Einrichtung getragen werden als auch Strategien für das eigene Stressmanagement, um mit dem Thema Lautstärke besser zurechtzukommen.

Da im Bereich Gebäudemanagement den Einrichtungen häufig die Hände gebunden sind und auch bei Schallschutz der Brandschutz etc. eine Rolle spielt, ist es eine Möglichkeit, durch das gezielte Erfassen von Ressourcen, Abläufen und Gruppenaktivitäten so zu planen, dass Möglichkeiten zur Entlastung geschaffen werden können.

4.2   Übung zum Thema Lautstärke in der Kindertagesstätte

Eine Möglichkeit, um in einer Kita mit den Kindern zusammen eine angemessene Lautstärke zu üben, um dann in bestimmten Situationen mit hoher Lärmbelastung darauf zurückgreifen zu können, ist folgende Übung.

Diese Übung sollte eine Zeit lang ein tägliches Ritual mit den Kindern werden, damit die Kinder eine Referenz im Gehirn bilden können.

Die Übung wird den Kindern viel Spaß machen, da sie hierbei auch mal erlaubt, sehr laut sein zu dürfen und auch sofort zu spüren, welchen Unterschied Lärm auf die Gruppe macht.

Einleitung

Versammeln Sie ihre Gruppe und geben den Kindern vor, dass jetzt eine Übung kommt und sie diese mit allem was sie haben mitmachen dürfen.

Sie dürfen ganz laut sein, um dann auch sehr schnell wieder ganz leise zu sein.

Anmerkung: Sie können diese Übung entweder in einer Gesamtgruppe machen oder Sie formieren zwei Gruppen und machen noch einen kleinen Wettkampf daraus, um die Aufmerksamkeit noch etwas zu erhöhen.

Sie erklären den Kindern anhand des Zollstocks, dass dieser nun das Laut-o-Meter ist.

Das Laut-o-Meter

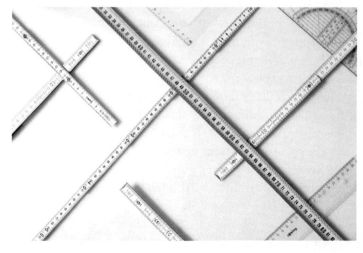

Das Laut-o-Meter, pixabay

Vorbereitung: Sie benötigen einen Zollstock oder ein Lineal

Durchführung

Die 0 steht für absolute Stille.
Die 50 steht für Zimmerlautstärke.
Die 100 steht für absoluten Lärm.

Sie beginnen mit der 50 und Sie können auch Ihren Arm zur Hilfe nehmen und die 50 mit einer Position in der Waagerechten darstellen und dann nach oben oder unten variieren.

Sie gehen dann auf die 100 und lassen den Kindern etwas Zeit, dieses erlaubte Lautsein zu genießen (es verliert dann auch irgendwann den Reiz).

Danach gehen sie herunter bis auf die 0.

Sie können dann mit dem Zahlenstrahl wie mit einem Lautsprecherregler spielen und den Kindern so zeigen, welche Einstellung des Reglers für welche Lautstärke steht.

Wenn Sie dies in ihr tägliches Spiel einbringen, verstehen die Kinder dann auch im Alltag, wann es zu laut wird. Dann heben sie einfach die Hand und drehen den Lautstärkeregler nach unten.

Wichtig ist dabei auch, nach der Übung die Kinder zu fragen, wie es ihnen mit den bestimmten Lautstärken erging, denn die meisten Kinder merken sehr gut, dass ihnen ein gewisser Lautstärkepegel nicht guttut.

Sie werden schnell sehen, wie viel Spaß die Kinder an dieser Übung haben und wie schnell sie damit lernen.

Gut, am Anfang müssen Sie die erhöhte Lautstärke aushalten und diese Übung in den Alltag einfügen, aber die Erfahrung zeigt, dass es langfristig ein wirksames Tool für weniger Lärm in Einrichtungen ist.

Kinder brauchen natürlich Zeit und viel Lob, auch wenn diese Übung nicht sofort funktioniert.

Mit dieser Übung können Sie zudem die Sozialkompetenz der Kinder verbessern, indem Sie Auffälligkeiten direkt mit der gesamten Gruppe besprechen und die Gruppe auch immer nach ihren Gefühlen fragen – beispielsweise, wenn das Leiserwerden aufgrund einiger Störenfriede nicht funktioniert hat.

Denn auch die Coolen, die gerne solche Übungen nehmen um aufzufallen, wollen im Grunde ihres Herzens nicht, dass es den anderen schlecht in der Gruppe geht.

Nutzen Sie alle Ereignisse in dieser Übung, um die Kinder zum Thema Lautstärke zu sensibilisieren. Basteln Sie dazu Schaubilder, welche Lärm aufzeigen und darlegen, was die Konsequenzen von Lautstärke sind, da gerade Kinder gerne über Bilder lernen.

Eine Kombination aus diesen Bereichen stellt einen Gewinn für Ihre Gruppe dar.

Viel Spaß beim Ausprobieren.

4.3 Akute Hilfe gegen Stress bei Lautstärke

Ratgeber können nur eine subjektive Hilfe sein, denn Sie sollten für sich schauen, was Ihnen guttut und dies in Ihren Alltag einbauen.

Die Forschung zeigt, dass offenbar der flexible Einsatz verschiedener Strategien zum Erfolg führen kann.

Je nach Situation haben Sie so einen gut gefüllten Werkzeugkoffer, der die besten Resultate für Ihr Wohlbefinden bringt.

Erster Tipp

Akzeptieren Sie was ist: bewusstes Wahrnehmen von belastenden Situationen, anstatt Stress wegen Stress zu empfinden – Dinge akzeptieren, so wie sie sind.

Oft entstehen Hamsterräder, die sich immer weiterdrehen, die Gedanken über das was belastet, sind teilweise wesentlich größer, als die den Stress auslösende Situation.

Bei Lautstärke und damit aufkommendem Stress kann eine Reaktion sein, dieser Lautstärke mit eigener Lautstärke entgegen zu wirken. Akzeptieren Sie den Moment der Lautstärke und seien Sie sich sicher, dass diese Situation nicht lange anhält, denn einen massiven Lautstärkepegel hält auch die stärkste Gruppe selten über einen langen Zeitraum aus.

Flüstern ist ein gutes Mittel, um gegen Lautstärke vorzugehen – oder lenken Sie die Aufmerksamkeit auf eine andere Situation, indem Sie etwas tun, was auch die Kinder aus ihrem Muster bringt. Probieren Sie auch mal paradoxe Reaktionen aus, damit die Kinder merken, dass sich etwas verändern darf.

Trauen Sie sich hier ruhig, mutig zu sein. Ein Beispiel aus meiner Arbeit auf einer geschlossenen Akutaufnahme-Station (nur von der Lautstärke mit einem Kindergarten zu vergleichen):

Eine Dame stand höchst erregt in dem Speisesaal, zerdepperte Teller und Tassen und blickte dabei laut schreiend in das Dienstzimmer.

Sie erwartete wohl eine für sie bekannte Reaktion, indem das Pflegepersonal herausstürmt und sie maßregelt.

Ich bin ganz ruhig zu ihr hingegangen und habe sie gefragt, was denn gerade ihr Bedürfnis sei und wie ich sie dabei unterstützen könne.

Sie schaute mich verdutzt an und schrie weiter, aber sie wurde unsicher in ihrem Handeln.

Ich habe ihr dann vorgeschlagen, wenn es ihr jetzt gerade guttue, Porzellan zu schmeißen, sie dies dann doch bitte richtig machen solle und bot ihr einen Tisch als Plattform an, auf den sie sich stellen solle. Anschließend besorgte ich ihr neue Teller und Tassen.

So: „Jetzt haben Sie die Bühne und können Ihren ganzen Frust rauslassen und alle hier bekommen das mit. Wenn es Ihnen hilft, dann gerne, nur Sie räumen nachher die Scherben wieder weg.".

Sie war völlig baff und stellte sich ungläubig auf den Tisch. Ich reichte ihr die ersten Teller.

Sie griff danach und schaute mich weiter an, ob ich dies denn ernst meinen würde, von schreien war keine Rede mehr.

Nach zwei Tellern war ihre Wut verraucht und sie stieg von dem Tisch herab und wir konnten in Ruhe die Situation besprechen.

Ich habe mir in dieser Situation erlaubt, auch mal etwas auszuprobieren und jemanden aus dem bekannten Denkmuster zu bringen und in diesem Fall hat das sehr gut funktioniert.

Gönnen Sie sich hier auch Kreativität und testen Sie sich aus. Es macht einem selbst sehr viel Spaß, weil auch die eigenen Denkmuster neue Anreize erhalten.

Zweiter Tipp
Nehmen Sie sich gedankliche Auszeiten.

Sie können sich, mit ein wenig Training, selbst in einen Zustand bringen, bei dem Sie sich – trotz größtem Lärm – wie unter einer Tauchglocke fühlen.

Dieses Bild eignet sich gut für eine Erklärung:
Schließen Sie in dem Fall die Augen und ziehen sich virtuell ihre Tauchglocke (oder was für Sie am besten passt) an und spüren Sie die wohltuende Stille.

Dies können Sie beim Augen aufmachen verstärken, indem Sie dann den Blick von der Lautstärkequelle entziehen und dahin schauen, wo Sie etwas anderes wahrnehmen, zum Beispiel durch einen Blick aus dem Fenster.

Hier können Sie einige Sekunden auftanken und sich dann gestärkt um die Lautstärke kümmern.

Dritter Tipp

In Ihrer Pause sollten Sie die Zeit aktiv für sich nutzen und Dinge tun, die Ihnen guttun.

Eine Meditation von der buddhistischen Nonne Kelsang Ridgen aus Toronto ist hier ein gutes Mittel für ein tägliches Ritual.

1. Halten Sie den Rücken gerade, damit der Geist nicht träge oder schläfrig wird.
2. Versuchen Sie, an nichts zu denken, lassen Sie Ihre Gedanken ziehen und halten Sie die Augen halb geschlossen.
3. Atmen Sie durch die Nase ein und aus.
4. Versuchen Sie, Ihren Atem einfach kommen und gehen zu lassen.
5. Schweifen Ihre Gedanken ab, konzentrieren Sie sich auf Ihre Atmung und zählen Sie beim Ein- und Ausatmen. Das hilft, zentriert zu bleiben.
6. Dieses Programm täglich 10–15 min durchführen.

Es kann natürlich sein, dass Sie jetzt denken: Wie soll ich das denn alles in meinen Alltag einbringen, ich habe doch eh keine Zeit und keine wirkliche Pause?

Doch in der Realität lassen sich – bei genauem Hinschauen – Zeitkorridore finden, um solche Übungen in den Alltag zu integrieren.

Manchmal möchten neue Methoden oder Rituale nicht getestet werden, weil sie fremd erscheinen und schon im Kopf diese kleine Stimme sagt: „Das funktioniert eh nicht".

Probieren Sie sich aus, denn den Stress haben Sie und ohne Methoden und Ressourcen, die Sie täglich nutzen, begeben Sie sich in Gefahr, dass Ihr Stresserleben über Sie bestimmt.

Verlassen Sie die Komfortzone und testen Sie sich aus.

4.4   Stressor: Der innere Dialog

Auswirkungen der eigenen Botschaften auf das subjektive Stresserleben.

Erzieher weisen, aufgrund der äußeren Umstände in ihrem Beruf, ein hohes Stresslevel auf. Dadurch besteht die Gefahr, dass durch die eigenen Gedanken und durch den eigenen inneren Dialog dieses Stresslevel noch verstärkt wird.

In der heutigen Zeit gestaltet es sich häufig recht schwer, positiv gestimmt durch den Alltag zu gehen. Dies wird dadurch verstärkt, dass von Geburt an darauf geachtet wird, dass keine Fehler gemacht werden.

Ein Mensch bekommt von der Geburt bis zum Erwachsenen werden ungefähr 200.000 Mal gesagt: „Lass das sein" oder „Das kannst du nicht".

In der Schule wird die Fehlerkultur weitergelebt und diese auch meist mit einem roten Stift markiert. Fehler, so wird es uns suggeriert, sind etwas Schlechtes und sollten vermieden werden. Jedoch ist der Lernfaktor durch die eigenen Fehler um ein Vielfaches höher.

Was ist das Erste, was Ihnen bei dieser Aufgabe durch den Kopf schießt?

$5 + 5 = 10$
$8 : 4 = 2$
$7 - 3 = 2$
$10 - 2 = 8$
$3 \times 4 = 12$

War der erste Gedanke: „Hoppla, da hat sich aber ein Fehler eingeschlichen!"?

Der Fehler ist, dadurch dass wir auf Fehlervermeidung getrimmt sind und entsprechend groß geworden sind, diesen Fehler gedanklich sofort zu korrigieren. Das ist auch grundlegend nicht verkehrt, aber in der Reflektion wäre ein: „Hier sind aber auch vier Aufgaben richtig gerechnet worden." wünschenswert.

Beobachten Sie sich doch selbst einmal, wohin Ihre ersten Gedanken gehen, wenn Sie etwas bewerten müssen. Gehen Sie zuerst auf das Positive ein oder fällt Ihnen erst das Negative auf?

Im Laufe des Lebens kultiviert sich die Fehlerbetrachtung und diese wird täglich trainiert, sodass viele Menschen diese schon unbewusst ausführen.

Rund 60.000 Gedanken hat jeder Mensch im Durchschnitt:

3 % davon sind aufbauende und hilfreiche Gedanken.
25 % sind destruktive Gedanken, die einem selbst und/oder anderen Schaden.
72 % sind flüchtige Gedanken, die trotzdem eine Wirkung auf einen selbst haben.

NUR 3 % aufbauende und hilfreiche Gedanken begleiten uns über den Tag! Eine erschreckend kleine Zahl und
ein Grund mit dafür, warum immer mehr stressbedingte
Erkrankungen entstehen.

Sich dessen bewusst zu werden, ist schon mal ein großer Schritt in die andere Richtung und ein Schritt dahin,
achtsam mit sich und seinen Gedanken zu werden und
auch mal zu hinterfragen: Welchen Input lasse ich tagtäg-
lich in mein Gehirn?

Wenn Sie sich einmal das Fernsehprogramm der meisten Sender anschauen, wird hier das „Nichtdenken" massiv gefördert – billig produzierte Sendungen und teilweise
Sendungen mit einem hohen voyeuristischen Charakter,
wie z. B. Frauentausch oder Schwiegertochter gesucht.

Aber auch, wenn bewusst die Nachrichten geschaut
werden, wird uns oft vor Augen gehalten, dass die Welt da
draußen nur noch schlecht und gefährlich sei. Es wird selten über positive Ereignisse in den Nachrichten berichtet.

Warum ist das so?

Wollen wir uns lieber mit diesen Nachrichten berie-
seln lassen und interessieren uns folgerichtig die positiven
Ereignisse im Leben eher weniger?

Sind die Menschen aufgrund der Medienflut eher damit
bedient, wenn über Katastrophen berichtet wird oder sind
wir schon so abgestumpft, dass es immer mehr solcher
Berichte benötigt?

Aufgrund der neuen Medien stehen uns alle Nachrichten der Welt 24/7 zur Verfügung und jeder Mensch mit
einem Smartphone ist ein kleiner Sensationsreporter, da
alles was gesehen wird, gefilmt werden kann.

In den letzten Wochen häuften sich die Meldungen,
dass Einsatzkräfte massiv gegen Gaffer und Filmer ein-
schreiten mussten. Die Berichte, dass Hilfe suchende
Menschen gefilmt worden seien, anstatt dass diesen geholfen wurde, häufen sich.

Ist es in einer solchen Landschaft überhaupt noch möglich, das Positive im Leben zu sehen und sich selbst positiv wahrzunehmen?

Wir denken: „Ja"!

In der Arbeit mit Menschen kommt immer wieder folgendes Thema auf:

„Nennen Sie uns eine oder mehrere positive Eigenschaften von sich".

Und hier kommen oft die gleichen Antworten oder Reaktionen von „Das kann ich doch nicht selbst beantworten" bis „Da müssen Sie X oder Y fragen".

Kennen Sie das Sprichwort: „Eigenlob stinkt"?

Oder: „Freu dich nicht zu früh"; „Der Apfel fällt nicht weit vom Stamm"; „Die Ehrlichen sind die Dummen"; „Die gute alte Zeit"; „Früher war alles besser"; „Geld macht arrogant" usw.?

Viele dieser Zitate und Sprüche werden von Generation zu Generation vererbt, brennen sich in das Gehirn ein und hinterlassen dort Spuren, wie die Umgebung wahrgenommen wird.

Die Reaktion, die wir in Seminaren erleben, ist, dass viele Menschen in Sekunden die negativen Eigenschaften von sich selbst aufzählen können oder direkt betiteln können, was an ihrem Körper nicht gut sei. Aber das große Achselzucken kommt, wenn es um die Kehrseite der Medaille geht.

Dort kommen dann oft Ausreden wie: „Wenn ich mich selbst lobe, bin ich ja arrogant" oder sogar „Ich habe nichts Gutes an oder in mir.".

Selbst Kinder werden immer früher mit diesen Eigenschaften konfrontiert und selbst in der Kita gibt es schon Kinder, die sich mit ihrem negativen Bild von sich selbst beschäftigen.

Die Blockaden im Kopf entwickeln sich gefühlt immer schneller – auch, weil der Druck bereits auf den kleinsten in unserer Gesellschaft lastet.

Glaubenssätze begleiten uns das ganze Leben und nicht jeder Satz, den wir mit uns herumtragen, ist wirklich angemessen, denn auch hier werden Sätze von Generation zu Generation vererbt.

Ist es nicht erstaunlich, dass Ängste über Generationen hinweg vererbt werden können und Eltern allein durch ihre Reaktionen diese auf ihre Kinder übertragen können?

Schulängste, Vorlieben oder Ablehnung von Fächern, Flugangst oder Angst vor Bienen oder Wespen stellen hier nur einen kleinen Teil von vererbbaren Ängsten dar.

Vieles davon ist uns nicht bewusst, weil wir uns im Alltag wenig damit beschäftigen, aber eine Auseinandersetzung mit diesem Thema macht für einen selbst und seine Angehörigen Sinn. Auch, um eine effektive Stressbewältigungsmethode zu besitzen.

Beantworten Sie einmal diese 5 Fragen und versuchen Sie, ehrlich zu sich selbst zu sein
Was hältst du von dir selbst?

_____

_____

_____

_____

Bist du gerade glücklich? Wenn ja, warum? Wenn nein, warum?

_____

_____

_____

_____

_____

Welche Gedanken haben dich heute beschäftigt und warum?

_____

_____

_____

_____

Wie zufrieden bist du mit dem, was du bisher erreicht hast und warum?

_____

_____

_____

_____

Bist du in allen Bereichen deines Lebens da, wo du sein könntest? Wenn nein, warum nicht?

_____

_____

_____

_____

Waren Sie hier ehrlich zu sich selbst? Wie geht es Ihnen mit Ihren Antworten?

_____

_____

_____

_____

Der innere Dialog findet permanent statt, bewusst und unbewusst – und er ist ein wesentlicher Punkt für das eigene Stresserleben.

Wenn Sie sich eher damit beschäftigen, was Sie im Leben nicht so gut können oder was Sie heute wieder mal verkehrt gemacht haben oder was Sie hätten besser machen können, liegt Ihr täglicher Fokus auf der Analyse Ihrer Fehler.

Ein reflektierender Blick auf die eigenen vermeintlichen Schwächen ist mit Sicherheit zu begrüßen, jedoch nur, wenn Sie mit diesem Wissen dann auch einen Plan generieren, wie Sie mit diesen Schwächen belastfrei umgehen können oder diese so weiterentwickeln, dass es keine Schwachstellen mehr sind.

Sich jeden Tag selbst mit Dingen zu geißeln, die nicht gut waren, darin kann man sich ergötzen und stunden-, ja sogar tagelang darin suhlen, um sich selbst leid zu tun und vielleicht auch um Ausreden für sich selbst zu generieren, damit man sich nicht mehr mit gewissen Aspekten beschäftigen muss.

Als Beispiel

Als Kind habe ich immer zu mir selbst gesagt: „Ich kann kein Mathe" und auch in meiner Familie wurde Mathematik nicht gefördert und somit habe ich auch selbst geglaubt, dass ich einfach kein Mathe könne.

Was war der positive Aspekt von meinem Glauben, kein Mathe zu können?

Ich habe es erst gar nicht mehr versucht, Mathe in mein Leben zu lassen und habe jegliches Lernen eingestellt, weil ich ja eh kein Mathe könnte.

Die Note „Mangelhaft" war ok, da ich ja kein Mathe könne – und jeder hat es akzeptiert, dass ich eben kein Mathe kann.

Ich habe dieses Wissen für mich kultiviert und habe mit „Ich kann kein Mathe" gut leben können, die Note „Mangelhaft" auf dem Zeugnis habe ich gar nicht mehr wahrgenommen.

So habe ich mir die Chance verbaut, mich überhaupt mit Mathe zu beschäftigen und mich ggf. um einige Möglichkeiten beraubt.

Viele Ängste, die entwickelt werden, sind Ängste vom Hören sagen und sind nie selbst erlebt worden. Ich habe zum Beispiel eine Angst vor Schlangen, obwohl die Anzahl der lebenden Schlangen in meinem Wohnort doch recht überschaubar ist.

Welche Ängste haben Sie und was ist der Nutzen von der Angst?

Nicht immer schränken die Ängste und Gedanken uns ein, sie bewahren uns aber auch vor weiteren negativen Einflüssen, wie immer gilt: Die Dosis macht das Gift.

Am Ende von einem Tag, an dem Sie an vieles gedacht haben, an dem Sie vieles gesagt haben und viele Handlungen daraus entstanden sind, ist es an der Zeit, den Tag zu reflektieren.

Worüber haben Sie nachgedacht? Wie haben Sie an diesem Tag über sich selbst gedacht? Was waren die entscheidenden Sätze des Tages?

Wenn Ihnen dann auffällt, dass Ihre Gedanken und Ihr innerer Dialog sich überwiegend mit negativen Einflüssen beschäftigt, schauen Sie einmal genau hin, woran dies liegen könnte. Tipps zum Umgang mit dem eigenen inneren Dialog erhalten Sie auf den folgenden Seiten.

Ein wertschätzender, innerer Dialog darf jeden Tag trainiert werden, denn der Umgang damit ist nicht selbstverständlich und bei einigen sogar verkümmert. Ein Training kann sich daher regelrecht anstrengend gestalten.

Aber auch hier gilt: Sobald Sie eine Routine in Ihren Alltag bekommen haben, werden Sie ein Experte für Ihre eigenen Gedanken und können damit ihr Wohlbefinden selbst steuern.

Je mehr Sie in sich hinein hören, umso besser lernen Sie sich selbst kennen und verstehen. Sie werden spüren, was Ihnen guttut.

Es geht nicht darum, die Welt nur noch mit einer rosaroten Brille zu betrachten. Negative Emotionen gehören zu unserem Leben genauso dazu und dürfen auch genauso ausgelebt und gespürt werden. Aber wenn Sie merken, dass Ihnen dies auf Dauer nicht guttut, dann haben

Sie eine Ressource mehr, um wieder in einen anderen Gefühlszustand zu gelangen.

Und wenn Sie Ihre Sätze wie „Ich kann das nicht"; „Ich bin nicht gut genug"; „Ich bin das nicht wert"; „Ich darf nicht glücklich sein"; „Arbeit muss anstrengend sein"; etc. entlarvt haben, kommen Sie Stück für Stück mehr dahinter, woran es liegen könnte, dass Sie diese Glaubenssätze haben. Dann können Sie im inneren Dialog Stück für Stück anfangen, sich neue, wertschätzende und motivierende Sätze ins Ohr zu flüstern.

Sie werden teilweise merken, wenn Sie sich selbst zuhören, dass Sie nicht immer wertvoll mit sich selbst umgehen und sich dann fragen, wenn meine beste Freundin, mein bester Freund mit mir so sprechen würde, wäre ich dann noch mit diesem befreundet?

Viele Menschen müssen hier, wenn sie ehrlich zu sich selbst sind, ein klares „Nein" als Antwort geben und genau an dieser Stelle haben Sie einen weiteren Schritt getan, sich selbst auf die Schliche zu kommen.

Wenn wir uns nicht selbst loben können, wenn wir uns nicht selbst toll, anziehend, attraktiv, liebevoll, etc. finden, wie sollen das dann Andere tun?

„Eigenlob stimmt", ist eine schöne Umkehrung des bekannten Sprichworts und hilft dem Selbstbewusstsein, zu wachsen.

Geben Sie sich die Chance, sich selbst toll zu finden. Was wäre, wenn es egal wäre, was andere von Ihnen denken und Sie sich einfach mal erlauben zu sagen: „Ich bin gut, so wie ich bin"?

Wie fühlt sich das an, wenn es jetzt in diesem Moment nur um Sie geht, Sie nur an sich und an Ihre wundervollen Möglichkeiten denken?

Wie geht es Ihnen bei diesem Gedanken? Spüren Sie eine gewisse Freiheit, spüren Sie, wie sich dieses wohlige Gefühl von Zufriedenheit in Ihnen breitmacht?

Stellen Sie sich einmal vor, wenn Sie dieses Gefühl jeden Tag haben könnten, würde dies in Ihrem Leben etwas verändern?

Tipp

„Wenn mein Kopf es sich ausdenken kann, wenn mein Herz daran glauben kann – dann kann ich es auch erreichen."
Muhammad Ali

4.5   Soforthilfen für den inneren Dialog

Sie kennen das sicher auch: Sie stehen morgens auf und haben einfach einen schlechten Tag. Sie hören in sich hinein und der kleine Mann oder die kleine Frau in Ihrem Inneren sagt Ihnen, was es heute für ein schlechter Tag wird und Sie werden merken: Er wird recht behalten.

Selbsterfüllende Prophezeiung nennt man dieses Phänomen und Sie selbst haben es zum Teil in der eigenen Hand, diese für sich zu gestalten.

Der Erfolgstrainer Jörg Löhr (2004) beschreibt in seinem Buch: „Lebe deine Stärken! Wie du schaffst, was du willst!" eindrucksvolle Mechanismen, um den eigenen inneren Dialog zu managen und sich selbst und seine Stärken besser kennen zu lernen.

Die erste Strategie: Die Stärken zu stärken!

Die zweite Strategie: Die Schwächen zu managen!

Wenn Sie bei sich festgestellt haben, dass Ihr innerer Dialog Ihnen eher schadet, haben Sie nun ein tolles Übungsfeld.

„Die Qualität deiner Fragen bestimmt die Qualität des Lebens", schreibt Tony Robbins (2004) in seinem Bestseller: „Das Robbins Power Prinzip. "

In Situationen, in denen es Ihnen nicht gut geht, helfen Ihnen diese Notfallfragen

1. **Weiß ich, dass ich niemals alleine bin?**
   Oft wirkt es im Leben so, als sei niemand da, aber wenn richtig geschaut wird und der Mut gefasst wird, auch wieder auf Menschen zuzugehen, stellt man fest, dass diese Aussage, dass ich niemals alleine bin, zutreffend ist.
2. **Was würde ich tun, wenn ich keine Angst hätte?**
   Die Angst bestimmt das Leben, der Körper hat diese Funktion zu Urzeiten eingerichtet und sie hilft beim Überleben, jedoch je entwickelter wir werden, umso mehr der Kopf dazu kommt, gibt es Ängste, die ausschließlich im Kopf gebildet werden und die einen daran hindern, die eigene Komfortzone zu verlassen.
3. **Was ist gut an der Situation? (Irgendwas ist immer gut!)**
   Manchmal gibt es Situationen, da braucht es sehr lange, um zu begreifen, wofür das Leben diese Herausforderung geschickt hat.
   Nicht immer macht eine Situation Sinn im Leben, aber lernen können Sie aus allen Situationen, die Ihnen passieren.
4. **Was kann ich besonders gut?**
   Gerade in Situationen, wo augenscheinlich alles schiefläuft, macht es Sinn, sich mit seinen Stärken zu beschäftigen, um damit einen neuen Impuls zu erhalten.
   Wenn Sie das Gefühl haben, überhaupt nichts besonders gut zu können, fangen Sie bei kleinen Dingen an! Es gibt immer etwas, was man besonders gut kann!
5. **Was möchte ich der Welt hinterlassen?**
   Das Leben ist kurz und Sie haben so viel zu geben! Anhand dieser Frage können Sie eine völlig neue Denkweise erhalten und eine intrinsische Motivation erhalten, um Ihre Projekte anzugehen.
6. **Worauf bin ich richtig stolz?**
   Wenn Sie in sich hineinschauen und sich in Ihrem Umfeld umschauen, worauf sind Sie stolz, was lässt Ihr Herz aufblühen?

> Konzentrieren Sie sich in Stresssituationen auch auf die Dinge, die Sie stolz machen und wo Ihr Herz spürt, dass es Ihnen wichtig ist.

In unseren Seminaren geben wir allen Teilnehmern einen eigenen Stresskompass mit, der individuell erstellt wird.

Der Stresskompass zeigt Ihnen, was Ihnen guttut und Sie sollten diesen immer in Ihrer Geldbörse haben, um in den stressigen Situationen darauf zurückgreifen zu können.

Auch die Utensilien, die Sie sich erarbeiten, sollten Sie immer dabeihaben.

Ihr Stresskompass

1. **Welches Lied macht Ihnen gute Laune?**
   Musik ist ein toller Stresskiller und geht vom Gehirn direkt in Ihr Herz. Zudem sind mit den meisten Liedern positive Emotionen verknüpft. Nutzen Sie diesen starken Anker und haben Sie Ihr Lieblingslied immer dabei.
2. **Welcher Duft beruhigt Sie?**
   Egal ob ein Parfüm oder ein besonderes Duftöl – in einer stressigen Situation an Ihrem Lieblingsduft riechen, reduziert Ihren Stress.
3. **Welcher Geschmack hebt Ihre Stimmung?**
   Essen und richtige Ernährung können einen großen Anteil für ein gesundes Stressmanagement haben, ein gutes Stück Schokolade genussvoll und bewusst zelebrieren, kann Wunder bewirken.
4. **Welches Bild löst bei Ihnen positive Emotionen aus?**
   Das Foto des Liebsten, ein Urlaubsfoto, die Kinder auf einem Bild ... Haben Sie immer ein Foto in Ihrer Tasche, bei welchem Sie um sich herum alles vergessen.
5. **Was fühlt sich gut an?**
   Der Lieblingsschal oder ein T-Shirt, ein bestimmter Stoff oder ein Stressball, nutzen Sie diese Möglichkeit auch in akuten Situationen und lenken Sie sich damit ein Stück weit ab.

6. **Wer ist Ihr Lieblingsmensch?**
   Vereinbaren Sie mit Ihren Lieblingsmenschen, dass im Notfall schnell eine Art erste Hilfe Kontakt entstehen kann. In Stresssituationen eine vertraute Stimme zu hören, kann Ihnen helfen, den Stress zu reduzieren.
7. **Umarmen Sie die Umwelt!**
   Körperliche Nähe ist ein Stresskiller, wenn Sie es mögen und jemanden haben, der diese Nähe zulassen kann, umarmen Sie die Welt.

Dies ist wieder nur ein kleiner Ausblick auf Möglichkeiten, welche Sie haben, um ihr Stressniveau und Ihre innere Stimme zu reduzieren. Wichtig ist einfach, neue Dinge auszuprobieren.

4.6   Stressor: Selbstachtung

Die Entscheidung, den Beruf des Erziehers einzuschlagen und sich um das Wichtigste vieler Eltern zu kümmern, ist eine Entscheidung, die viele Entbehrungen mit sich bringt.

Die Ausbildung zum Erzieher/Erzieherin dauert zwischen drei und vier Jahren und in einigen Fällen kann es sogar sein, dass kein Ausbildungslohn gezahlt wird und sich schon in der Ausbildung die Herausforderungen als sehr groß erweisen.

Etwa 300.000 Menschen gehen in Deutschland dem Beruf des Erziehers nach, davon sind ca. 96 % weiblich.

Nur 40 % arbeiten davon in Vollzeit und ca. 120.000 Erzieher fehlen den Einrichtungen laut einer Studie von Bertelsmann (Bertelsmann Stiftung 2012).

Auch die schlechte Bezahlung und fehlende Karrieremöglichkeiten halten viele junge Menschen davon ab, sich für den Beruf des Erziehers/Erzieherin zu entscheiden, oft liegt das Einstiegsgehalt bei nur ca. 1900,- EUR brutto.

In der öffentlichen Meinung war weit verbreitet, dass Mitarbeiter in einer Kita ja eher nur die Basteltanten seien und dies ja keine Herausforderung darstelle, doch dies wird einer Fachkraft bei weitem nicht gerecht und eine Aufgabe für das Berufsbild der Erzieher/Erzieherinnen kann in der Zukunft auch sein, das eigene Berufsbild mehr in den Fokus zu stellen und die Wichtigkeit noch mehr zu präsentieren.

Gefühlt haben Erzieher/Erziehrinnen ein ähnliches Problem wie Mitarbeiter in einem Krankenhaus oder anderen sozialen Bereichen: Sie sind eine große Berufsgruppe, doch teilweise wirken sie in der Öffentlichkeit eher stumm.

Der Gedanke für seine Rechte und auch für mehr Gehalt einzustehen und die Stimme zu erheben, ist für einige weniger wichtig, als sich um die Schutzbefohlenen zu kümmern, was den Berufsstand sehr ehrt, aber keine großen Verbesserungen herbeiführt, wobei in den letzten Jahren sich dort doch ein wenig mehr getan hat.

Denn auch in der Außendarstellung des eigenen Berufes kann aus unserer Sicht noch viel mehr in die Offensive gegangen werden, denn wie die „Welt" in ihrem Beitrag vom 17.05.2015: „Was wir den Erziehern alles verdanken", schreibt:

Längst hochqualifiziert
    In der Tat hat sich das Berufsbild der Erzieherin in den letzten Jahren fundamental gewandelt – Hand in Hand mit dem Wandel des gängigen Familienideals hin zu doppelt berufstätigen Eltern. Nicht nur, dass Kinder heute immer mehr Stunden in der Kita verbringen, sie sind auch immer jünger, wenn sie dort eingewöhnt werden.

Mit ein bisschen basteln, spielen und singen ist es da nicht mehr getan. Stattdessen reicht die Bandbreite von der Sauberkeitserziehung über Sprachförderung bis zur Vorschularbeit. Kitas sind Bildungseinrichtungen geworden, die nicht nur auf emotional begabtes, sondern auch hervorragend ausgebildetes und belastbares Personal angewiesen sind (Menkens 2015).

Ein wichtiger Bestandteil für das eigene Verständnis und Selbstzufriedenheit im Job sind daher die Themen Selbstachtung und Glück.

Selbstachtung und Selbstwert sollte jeder Mensch in Fülle besitzen und auch Glück sollte eigentlich in der heutigen Zeit selbstverständlich sein, wo doch gefühlt alles jederzeit verfügbar ist, was der Mensch so braucht. Doch oft ist das Gegenteil der Fall und die Ausmaße davon sind gesteigertes Stressempfinden.

Kein Urteil ist für uns wichtiger als das über uns selbst, trotzdem wird dem eigenen Ich nicht zu 100 % vertraut und wir gehen äußert kritisch mit dem Menschen in dem Spiegel um, manche gehen sogar zerstörerisch mit der eigenen Persönlichkeit um und finden keinen Halt in der Liebe zu sich selbst.

Jeder Mensch hat sie diese innere Stimme, die einem eigentlich sagen sollte, dass wir uns voll und ganz auf uns selbst verlassen können und unseren Fähigkeiten, die wir haben. Die Stimme, die uns sagt: „Du bist wertvoll, genauso wie Du bist".

Doch durch alte Verletzungen von sich selbst oder durch Menschen, die wir respektieren oder sogar lieben, kann die Selbstachtung Kratzer und tiefe Wunden bekommen und der Blick in den Spiegel ist kaum zu ertragen.

Die innere Stimme, die uns eigentlich beflügeln sollte, stellt sich dann immer öfter quer oder verstummt sogar und das Urvertrauen in die eigenen Fähigkeiten erlischt oder wird minimiert.

Hand auf Herz: Können Sie aus tiefster Überzeugung in den Spiegel schauen und sich sagen: Ich liebe und akzeptiere mich so wie ich bin?

Der Psychotherapeut Nataniel Branden (2011) schreibt in seinen Büchern: „Doch von allen Urteilen, die wir im Leben fällen, ist keines so wichtig wie jenes, dass wir über uns fällen.".

Eine positive Selbstachtung schenkt uns Widerstandsfähigkeit, Kraft und die Möglichkeit, uns immer wieder zu erholen. Die meisten Menschen aber unterschätzen ihr Potenzial zu wachsen und Rückschläge zu verkraften.

Erzieher brauchen in ihrem Job oft ein dickes Fell, denn die Stressoren in dem Beruf steigen stetig und aus der Erfahrung heraus, sind einige Eltern im Feedback oder im Elterngespräch auch eher präsent, wenn sie das Gefühl haben, mit ihren Kindern stimme etwas nicht oder im Kindergarten laufe einiges schief.

In unseren begleiteten Trainings oder Coachings begleiten wir oft auch Diskussionen um Qualität und damit verbundene neue Konzepte wie z. B. veganes oder Bio Essen anzubieten oder neue Entwicklungsideen für Kinder zu entwickeln. In der Diskussion wie oft Eltern nach diesen Programmen oder der Essensqualität nachfragen, beläuft sich auf einen relativ kleinen Prozentsatz.

Gutes wird gerne als selbstverständlich hingenommen und Lob kommt auch vielen Eltern nicht oft von den Lippen und daher ist es auch für Erzieher wichtig, eine hohe eigene Selbstachtung zu besitzen.

Die 6 Säulen der Selbstachtung nach Nathaniel Branden

1. **Bewusst Leben**

   Das heutige Leben ist oft von der Uhr geprägt und der Stress nimmt zu, ein bewusstes Wahrnehmen des eigenen Lebens fällt daher schwer.

   Doch wir haben die Option, nach Bewusstsein zu streben und jedem Moment die Aufmerksamkeit zu schenken, die er verdient.

   Nehmen Sie sich bewusste Qualitätszeit nur für sich, betrachten Sie Ihren Alltag, machen Sie sich bewusst, wo und an welchen Stellen Sie nur noch unbewusst durch das Leben gehen. Machen Sie sich bewusst, warum Sie in Situation reagieren und fragen sich: Ist es sinnvoll oder kann ich lieber etwas anderes machen?

2. **Sich selbst annehmen**

   Die Selbstannahme ist einer der wichtigsten Schritte auf dem Weg zur Selbstachtung.

   Sich so anzunehmen wie Sie sind mit all ihren Stärken aber eben auch Ihren Schwächen.

   Die eigenen Kritiker sind gerne proaktiv aber gerade bei ihren Schwächen, die sie vielleicht in den Fokus stellen, macht die Frage „Lohnt es sich für mich wirklich, an meinen Schwächen zu arbeiten und diese abzustellen oder investiere ich lieber die Zeit, um in den Punkten die ich schon kann noch besser zu werden?"

   Schauen Sie, ob Sie Dinge wirklich verändern können und welchen Mehrwert dieser Aufwand für Sie hat. Wenn Sie z. B. das Gefühl haben, zu viele Pfunde auf den Rippen zu haben, aber eben auch gerne essen und Sport hassen, ist die Frage berechtigt, ob es dann Sinn macht, sich wegen der zu vielen Kilos selbst ständig fertig zu machen oder ob es dann nicht besser ist, es einfach so stehen zu lassen.

   Nehmen Sie sich die Freiheit, sich auch immer wieder neu entscheiden zu dürfen, wenn Sie dann plötzlich merken, den inneren Schweinehund zu überwinden, dann gehen Sie mit neuem Elan an Ihre Aufgabe.

   Das gleiche gilt für gefühlte Makel am Körper, können Sie etwas aktiv dagegen tun oder ist es etwas, das Sie akzeptieren müssen?

   Loben Sie sich jeden Tag und stellen Sie fest, dass Sie perfekt sind, so wie Sie gerade sind.

3. Eigenverantwortlich leben

Branden ist der Auffassung, dass niemand kommt, um ihr Leben zu leben, sondern Sie selbst die Aufforderung zum Handeln in sich haben. Nur wir selbst sind für die Erfüllung unserer Wünsche und Träume verantwortlich.

Niemand ist es uns schuldig, dass unsere Hoffnungen erfüllt werden, sondern das Heft des Handelns liegt in den eigenen Händen.

Auch Fehler oder die sogenannten Arschtritte des Lebens, die jeder auf irgendeine Weise schon erlebt hat, sind aus der eigenen Verantwortung entstanden. Schnell erwischt man sich dabei, jemand anderen in die Verantwortung dafür zu nehmen. Doch bei genauer Betrachtung erkennt man schnell, dass das eigene Handeln oft der erste Auslöser dafür war. Wenn man dies erkennt, können solche Arschtritte des Lebens ein wichtiger Baustein für eigenverantwortliches Leben sein.

Der Unternehmer Thomas Schmitz (2015) schreibt in seinem Buch über seine Erfahrungen auf dem Jakobsweg folgende Worte dazu:

„Wie viele ängstliche, ärgerliche oder wütende Momente (samt deren Energieverbrauch) hätte ich mir schon sparen können, wenn ich doch nur die Erfahrungen aus der Vergangenheit als wahre Erkenntnis verinnerlicht hätte."

4. Sich selbstsicher behaupten

Was würde geschehen, wenn alles, was wir sind, verborgen bleiben würde?

Branden ist sich sicher: Selbstachtung ist in diesem Zustand besonders schwer. Er glaubt an das Prinzip der Selbstbehauptung.

Sie bedeutet, dass wir den eigenen Wünschen, Bedürfnissen und Werten eine Wichtigkeit geben, denn jeder Mensch kann selbstbewusst für sich eintreten, ohne egoistisch zu sein.

Wie oft entscheiden wir im Leben Dinge und überlegen vorher, was andere Menschen wohl davon halten? Wie oft sagen wir Dinge nicht, weil wir Angst haben, was andere über uns denken könnten?

Doch der Mensch ist nicht dafür gemacht, die Erwartungen anderer zu erfüllen, sondern das erste Gebot sollte sein, sich selbst glücklich zu machen.

Gerade in einem sozialen Beruf fällt dieses Gen oftmals kleiner aus, weil vieles darauf ausgerichtet ist, es dem anderen Recht zu machen: den Bedürfnissen der Kinder, den Bedürfnissen der Eltern, den Bedürfnissen der Kollegen und den Bedürfnissen des Trägers – hier kommen die eigenen Bedürfnisse oft erst an letzter Stelle.

Gerade hier ist es wichtig, an sich selbst und der eigenen Sichtweise aktiv zu arbeiten.

Doch wissen Sie überhaupt, wofür Sie selbstsicher einstehen wollen? Wenn nein wäre doch jetzt ein Anfang, sich darüber intensive Gedanken zu machen!

5. **Zielgerichtet leben**

Die Ziele in unserem Leben sind die Motivatoren, um den eigenen Weg zu beschreiten, doch sollten diese Ziele auch realistisch sein.

Mit 2 km Körpergröße und einem Gewicht von über 100 kg ein erfolgreicher Jockey werden zu wollen, kann aus einem motivierten Ziel schnell ein frustriertes Ergebnis werden lassen.

Ziele können wichtig für das Leben sein, um auch für sich selbst mehr Selbstachtung und Selbstbewusstsein zu erlangen, denn dieser unbedingte Wille etwas zu erreichen, kann enorme Kräfte entfachen.

Doch auch hier sollten Sie sehr achtsam sein und die anderen beschriebenen Punkte berücksichtigen, damit aus der eigenen Zielfindung und Zielerreichung nicht ein Bumerang wird.

6. **Persönliche Integrität**

Immer dann, wenn die Worte eines Menschen mit seinem Verhalten übereinstimmen, beginnen wir ihm zu trauen. Beispielsweise er seine Versprechen hält und zu seinem Wort steht. Gleiches gilt laut Branden auch für unser eigenes Bewusstsein, denn im Gerichtssaal unseres Verstandes gibt es nur ein einziges Urteil, das zählt: unser eigenes.

Wir können uns nicht selbst aus dem Wege gehen und daher ist es wichtig, sich selbst und seine eigenen Werte und Handlungen und Verhaltensweisen zu kennen und auch danach zu leben, um auch die eigene Selbstachtung weiter auszubauen.

Was macht ihre Persönlichkeit aus?

Wofür stehen Sie ein?

Was sind Ihre wichtigen Werte im Leben?

Können Sie diese Werte auch leben oder müssen Sie Kompromisse eingehen? Wenn ja: Für wen und warum und wie hoch ist der Preis, den Sie selbst dafür zahlen? Mit welchen Eigenschaften gehen sie durch Ihre Welt und wie lassen Sie ihre Umwelt an ihrem Job als Erzieherin teilhaben? Können sie mit Stolz sagen, dass Sie ihren Job lieben und von Herzen gerne Erzieherin sind? Falls ja, sind Sie auf einem guten Weg. Falls nein: Was brauchen Sie, um den genannten Status zu erreichen?

4.7   Stressor: Konflikte in Teams

Ein Team innerhalb einer Kita sollte eine homogene Gemeinschaft sein, in welcher alle an einem Strang ziehen und zum Wohle der Kinder gemeinsam agieren. Doch wie in jedem Beruf sind Konflikte in Teams oft vorprogrammiert.

Wo verschiedene Menschen aufeinandertreffen, sind Konflikte, Meinungsverschiedenheiten und Dispute regelmäßige Begleiter. Grundsätzlich sind Konflikte nichts negatives, sondern können auch eine positive Dynamik fördern und zu dieser beitragen.

Das Entscheidende ist der Umgang mit diesem Thema und welche Zeit und welcher Ort diesen Themen zugestanden wird und hier ist es im Kindergarten oft schwieriger zu handeln als in anderen Berufen.

Durch die schon beschriebenen gestiegenen Herausforderungen an die Mitarbeiter innerhalb einer Kita und die knappen Zeitressourcen sind Teambesprechungen teilweise sehr knapp bemessen und es wird weitestgehend Organisatorisches besprochen. Für Themen wie Teambuilding, Teamzusammenhalt und auch Konflikte im Team bleibt dann wenig Zeit.

Teambesprechungen, die auch diese Themen aufgreifen oder eine begleitete ständige Supervision, sollten in einer Kindertagesstätte fester Bestandteil der Organisation sein.

Denn „manchmal braucht es ein ganzes Dorf, um einen Konflikt zu lösen!", besagt ein umgewandeltes afrikanisches Sprichwort zur Kindererziehung.

Diese Sitzungen sind ein wichtiges Tool, um auch um mit dem Team immer wieder das eigene Leitbild, die Idee des Konzeptes und auch mögliche Anpassungen und Veränderungen zu besprechen.

Auch innerhalb des Teams haben die Mitarbeiter eine Vorbildfunktion, denn auch das eigene Verhalten innerhalb des Teams spiegelt sich unweigerlich in der Stimmung innerhalb der Einrichtung wider und auch auf die betreuenden Kinder, die sehr feinfühlige Antennen für schlechte Stimmungen haben. Daher können ungelöste Konflikte zu einem Auslöser für Unruhe werden und damit verbunden sind oft gestörte Arbeitsabläufe in der Kita.

Sollte kein Supervisor zur Hand sein und es Konfliktthemen innerhalb der Einrichtung geben, sollte es die Aufgabe der Führungskraft sein, dieses Thema zu moderieren oder jemanden zu bestimmen, der dieses tut.

Aus der Erfahrung heraus erweist es sich meist sinnvoll, einen externen Berater wie einen Supervisor oder einen Mediator dazu einzuladen.

Hier ein Beispiel für eine mögliche Herangehensweise bei Konflikten im Team (nach Knapp 2014)

1. Vorphase/Einleitung
   Bereitschaft im Team für das Klären von Konflikten sammeln.
2. Sichtweisen aufzeigen
   Aussprechen, gegenseitig verstehen lernen und anerkennen, Perspektivwechsel vornehmen um den anderen besser zu verstehen. Andere Sichtweisen respektieren lernen.
3. Gefühle
   Spüren, aussprechen, gegenseitig empathisch verstehen und anerkennen.
4. Bedürfnisse
   Spüren, verstehen, akzeptieren, zulassen, gegenseitig empathisch begegnen und beide Aspekte anerkennen
5. Handlungsoptionen
   Gemeinsame kreative Suche nach Lösungen. Angebote machen. Gegenseitiges nachfragen und verstehen.
6. Übereinkunft
   Entscheiden, planen, Verabredungen treffen, Widerstände bedenken, Kontrolltermin festlegen.
   Umsetzung

Im Vorfeld wird festgelegt, wie alle Beteiligten miteinander sprechen wollen. Dazu werden auf einer Flipchart die Regeln des Teams aufgeschrieben, damit jeder sich auch in hitzigen Debatten darauf verlassen kann, dass es nicht eskaliert.

Ein paar Regeln könnten z. B. sein, sich gegenseitig ausreden zu lassen und keine Rechtfertigungen zuzulassen. Hier liegt es an der Gruppe und in erster Linie natürlich am Moderator, dass diese Regeln dann auch eingehalten werden.

Im Vorfeld muss eine Atmosphäre geschaffen werden, die allen Beteiligten Sicherheit und Vertrauen gibt und die Einladung sollte so erfolgen, dass jeder Teilnehmer das Gefühl bekommt, alle Themen ansprechen zu können.

Denn je mehr Mitglieder des Teams ihre gefühlten
Konfliktthemen nicht besprechen können oder wollen,
umso geringer gestaltet sich die Erfolgschance.
Die Umsetzungsideen sollten in einem Protokoll fest-
gehalten werden und ein Kontrolltermin zum Überprüfen
der Ergebnisse geplant werden.
Oft scheitern gute Übereinkünfte, weil danach keine
Kontrollfunktion oder Nachbesprechungen erfolgt sind und
die Ergebnisse damit schnell wieder im Sande verlaufen.

10 mögliche Faktoren für Konflikte in Teams

1. **Wenig Spielraum für Planungen und Kontrolle der
   Arbeitsorganisation**
   In vielen Kitas ist das Konzept vom Träger vorgegeben
   und die Mitarbeiter müssen sich dem anpassen, doch
   gerade ein enges und starres Konzept ist Gift für die
   Zufriedenheit von Mitarbeitern, stupides Abarbeiten
   von Konzepten fördert das Stresserleben und ist ein
   Indikator für Konflikte.

2. **Wenig Entscheidungsspielräume im Arbeitsprozess**
   Eigenverantwortliche Entscheidungen zu treffen und
   den Arbeitsprozess aktiv zu gestalten ist gerade in
   einem kreativen und verantwortungsvollen Beruf
   wie in einem Kindergarten ungemein wichtig, um die
   Zufriedenheit zu erhöhen.

3. **Vorwiegend isolierte Tätigkeiten, die keine oder wenig
   Kommunikation ermöglichen.**
   In einigen Kitas kann es vorkommen, dass es nach
   Konzept so geplant ist, dass eine Kraft jeden Tag die
   gleichen Tätigkeiten verrichten muss und damit die
   Kreativität massiv eingeschränkt wird. Durch die fehlende Zeit und fehlende Teambesprechungen wird das
   eigene Kommunikationsverhalten unter Erwachsenen
   eingeschränkt und das Gefühl von Isolation kann eintreten.

4. **Hohe physische und psychische Belastungen**
   Steht der Mitarbeiter ständig unter hohen Belastungen, kann er vermehrt Stress empfinden und sich
   gereizt fühlen und es muss ein Kanal gefunden werden, um diesen Stress abzubauen.

5. **Wenig Möglichkeiten zur beruflichen Weiterentwick-lung**

   Der Start in den Beruf ist schon mit vielen Entbeh-rungen verbunden und einer schlechten bis gar keine Bezahlung in der Lehre. Die beruflichen Chancen der Weiterentwicklungen sind teilweise sehr begrenzt und hier sollte die Einrichtung oder der Träger schon früh mit Weiterbildungsmaßnahmen entgegenwirken.

6. **Missverständnisse und fehlerhafte Kommunikation**

   Bei der täglichen Kommunikation zwischen Menschen passieren oft Missverständnisse, die schnell zu Konflik-ten führen können. In einer Kita ist ein hoher Kommu-nikationsgrad unter Mitarbeitern, mit den Kindern und mit den Eltern notwendig. Es kann vorkommen, dass eher zu viel gesprochen wird als zu wenig, da der Beruf eine hohe Kommunikationsbereitschaft mit sich bringt. In Konfliktgesprächen sollte der Fokus daher auch eher auf der Sachebene liegen.

7. **Unterschiedliche Ansichten über Ziele, Werte und Kon-zepte**

   Ein Team innerhalb einer Kita kann aus vielen Berei-chen kommen und viele verschiedene Ansichten und Ideen haben. Dies kann zu Konflikten kommen, wenn Mitarbeiter sich nicht gehört und verstanden fühlen und das Gefühl bekommen, dass ihre Meinung nicht wichtig sei.

8. **Streit um Ressourcen**

   Die Ausstattung der verschiedenen Gruppen sollte gerecht verteilt sein, Gefühle wie Neid können sonst schnell entstehen und sich daraus in der Folge Kon-flikte entwickeln.

9. **Es gibt Ängste und Unsicherheiten unter den Mitarbei-tern**

   Transparenz ist auch in Kitas ein wichtiges Thema. Wel-chen kurz- und langfristigen Plan hat der Träger, wie sind die Stellenschlüssel geplant etc.? Dies sind Fragen, welche die Mitarbeiter belasten können. Daher sollte die Kommunikation von oben zu den Mitarbeitern einer Einrichtung so transparent wie möglich sein.

10. **Fehlendes Personal**

    Die Mehrbelastungen durch fehlendes Personal sind für viele Mitarbeiter ein großer Stressor und die Belas-tungen können auf Dauer Konflikte fördern.

Literatur

Bertelsmann Stiftung (2012) Bedarf an pädagogischen Fachkräften in Kitas steigt weiter/Aber: Die meisten Erzieherinnen arbeiten in Teilzeit. https://www.bertelsmann-stiftung.de/de/presse/pressemitteilungen/pressemitteilung/pid/bedarf-an-paedagogischen-fachkraeften-in-kitas-steigt-weiteraber-die-meisten-erzieherinnen-arbeite/. Zugegriffen: 30. Okt. 2018

Branden N (2011) Die 6 Säulen des Selbstwertgefühls – Erfolgreich und zufrieden durch ein starkes Selbst. Piper, München

Knapp P (2014) Konflikte lösen in Teams und großen Gruppen: Klärende und deeskalierende Methoden für die Mediations- und Konfliktmanagement-Praxis im Business. managerSeminare, Berlin

Löhr J (2004) Lebe deine Stärken! Wie du schaffst, was du willst. Econ, Berlin

Menkens S (2015) Was wir den Erziehern alles verdanken. https://www.welt.de/debatte/kommentare/article141027201/Was-wir-den-Erziehern-alles-verdanken.html. Zugegriffen: 25. Okt. 2018

Robbins T (2004) Das Robbins Power Prinzip: Befreie die innere Kraft. Ullstein, Berlin

Schmitz T (2015) Der Jakobsweg- Die Krönung, Erleuchtung darf auch Spaß machen. Eigenverlag, München. http://www.caminobestseller.com/

5

Konflikte als Erzieher

5.1 Ein kleiner Leitfaden für ein Konfliktgespräch

Konfliktgespräche sind sehr individuell und jedes Gespräch hat andere Facetten, daher ist eine immer geltende Lösung für ein Konfliktgespräch kaum möglich.

Hier erhalten Sie ein kleines Drehbuch, welches Sie zu Übungszwecken nutzen können, denn wenn Sie die Möglichkeit haben, ein Konfliktgespräch vorzubereiten, macht dies durchaus Sinn.

© Springer Fachmedien Wiesbaden GmbH, ein Teil von Springer Nature 2019
I. Caspar und A. Heim, *Der Anti-Stress-Trainer für Erzieher,*
Anti-Stress-Trainer, https://doi.org/10.1007/978-3-658-25481-0_5

Lernen im Konflikt, Ingo Caspar

Dieses Drehbuch könnten Sie, rein theoretisch, auch als kleine Hilfe mit in das Gespräch nehmen.

Auch hier gilt, je mehr Sie dieses trainieren, umso besser können Sie in Zukunft damit umgehen.

Um sich über den Konflikt intensive Gedanken zu machen, helfen auch die Arbeitsblätter auf den folgenden Seiten.

Im Vorfeld schreiben Sie für sich eine Art Situations-beschreibung auf, wo befinden Sie sich bzw. wo hat sich der Konflikt zugetragen, welche Personen sind beteiligt und welches war das entscheidende Ereignis.

Versuchen Sie, auch wenn Sie schließlich bei der Situation dabei waren, dies so genau wie möglich zu machen, denn allein in der Vorbereitung kann es hier für Sie völlig neue Ansatzpunkte geben.

Schreiben Sie dann Ihre Gefühle dazu auf und versuchen Sie, hier auch einmal genau hinzuschauen, denn oft ist das erste Gefühl nicht das wirklich entscheidende, sondern das dahinterliegende und das kann in der Beurteilung noch einmal eine völlig neue Rolle spielen.

Sich der eigenen Gefühle im Klaren zu sein, fällt nicht jedem leicht, deswegen ist hier das Visualisieren ein wichtiger Punkt, allein mal in die Tiefe seiner Gefühle abzutauchen und sich selbst zu erforschen, kann ein Gewinn des Konfliktes sein.

Dann schauen Sie sich die andere Person einmal an: Was glauben Sie, wird die Reaktion des Gegenübers sein, wie schätzen Sie die Person ein?

Hier macht auch ein Perspektivwechsel Sinn. Wie könnte die Person den Konflikt wahrnehmen, was könnten seine Beweggründe für das Verhalten und den Konflikt sein?

Sie bewerten Ihren Konflikt aus Ihrer inneren Landkarte und aus Ihrem Blickwinkel, die Brille des anderen aufzusetzen kann auch schon zur Konfliktlösung oder zum Verständnis des Gegenübers beitragen.

Was glauben Sie, wie werden Sie reagieren, was kennen Sie von sich, wie Sie und Ihr Körper in solchen Situationen reagiert?

Welche kurzfristigen Erleichterungen wollen Sie einsetzen, wenn Sie merken, dass der Stresspegel ansteigt?

Die kurzfristigen Erleichterungen werden auf den folgenden Seiten beleuchtet und vielleicht finden Sie in diesem Angebot Strategien, die Ihnen in der Situation helfen.

Die kurzfristigen Erleichterungen kurz „KE" genannt, sollen Ihnen helfen, kurzfristig handlungsfähig zu bleiben und kurzfristig Stress abzubauen.

Dann notieren Sie sich eine Einleitung, wie Sie dieses Gespräch beginnen wollen.

Nutzen Sie Sätze in der Ich-Form und bringen Sie, auch ohne Vorwurf, Ihre Gefühlslage mit in das Gespräch ein.

5.2 Konflikthelfer: Das Drehbuch für Konfliktgespräche

In vorbereiteten Konfliktgesprächen ist es sinnvoll, gut vorbereitet zu sein, da in solchen Gesprächen die Aufregung und der Stress recht groß sind. Vielleicht kennen Sie das Gefühl, nach einem Gespräch viele wichtige Dinge vergessen zu haben.

Mit dem Drehbuch bereiten Sie sich gewissenhaft auf ein solches Gespräch vor, Sie besinnen sich noch einmal auf die Thematik und schreiben alles auf, was Ihnen wichtig ist.

Sie gehen auch in einen Perspektivwechsel und nehmen diese mit in Ihre Überlegungen mit auf, um auf viele Facetten des Gespräches vorbereitet zu sein.

Dieses Drehbuch können Sie auch mit in das Gespräch nehmen und können ihrem Gegenüber auch erklären, warum Sie dies dabeihaben.

> **Situationsbeschreibung(Ort, Person, Ereignis):** Seien Sie hier so konkret wie möglich, das erleichtert Ihnen den Umgang mit dem Thema!
> **Meine Gefühle:** Schauen Sie bei sich genau hin, welche Gefühle dieser Konflikt wirklich in
> Ihnen auslöst. Schauen Sie auch hinter das erste spürbare Gefühl, ob da
> noch etwas anderes versteckt ist.

Vermutetes Verhalten(wie reagiert mein Gegenüber: Versuchen Sie, sich in den Gesprächspartner hineinzuversetzen, um auf alles vorbereitet zu sein.
Meine Körperreaktionen: Was glauben Sie: Wie wird ihr Körper reagieren und welche
Kurzfristigen Erleichterungen können Sie einsetzen?
Meine kurzfristigen Erleichterungen: Üben, Üben, Üben
Einleitung(Wie beginne ich das Gespräch): Zur Starthilfe schreiben Sie sich Ihren Gesprächsstart auf, diesen können Sie bei Bedarf auch ablesen.

5.3   Das Konfliktgespräch für Erzieher

Wie Konflikte Einfluss nehmen auf das Stressempfinden
Erzieher müssen, wie in diesem Buch schon öfters beschrieben, ihre Augen und Ohren stets offen haben und müssen ihren Kommunikationsstil den diversen Situationen anpassen.

Ein Gespräch mit Kindern aus der Gruppe wird anders gestaltet als das Gespräch mit der Kollegin. Ein Gespräch mit der Vorgesetzten bedarf ggf. anderer Stilrichtungen als ein beratendes Gespräch mit Eltern.

Selbst die Gespräche mit Eltern können unterschiedlicher Natur sein. Handelt es sich um ein erstes Kennenlernen oder ein beratendes Gespräch, es kann auch mit Eltern zu Konfliktgesprächen kommen, wenn Eltern zum Beispiel das Wohl ihres Kindes in Gefahr sehen.

Auf alle diese Gegebenheiten muss sich eine Mitarbeiterin in einem Kindergarten einstellen und Antworten für sich bereithalten.

Zudem sollte eine Erzieherin bei allen diesen Stressoren auch wissen, wie man damit auch nach einem Gespräch umgeht, um danach auch wieder abschalten zu können.

Konflikte, Ingo Caspar

Als Folge von Kommunikation entstehen häufig Missverständnisse, weil der Sender und der Empfänger von Nachrichten oft nicht auf einer Frequenz miteinander sprechen.

Im Rahmen der Ausbildung und in Weiterbildung haben die meisten in diesen Berufsgruppen schon viele Kommunikationsmodelle kennen lernen dürfen.

Das Modell von Friedemann Schulz von Thun (2008), das vier Seiten einer Botschaft definiert, ist vielen ein Begriff, aber die wenigsten nutzen dieses Modell in ihrem Alltag.

Schulz von Thun gibt an, dass in jeder Botschaft vier Aspekte enthalten sein können.

- Die Sachebene
- Der Appell
- Die Beziehungsebene
- Die Selbstoffenbarung

Fast jeder Mensch hat einen bestimmten, dominanten Part der vier genannten Bereiche, der sich durchsetzt und auf dem kommuniziert und auch verstanden wird.

In vielen helfenden Berufen, wie auch im Kindergarten, hören Mitarbeiter gerne auf dem Appellohr und haben daraufhin den Drang, den gehörten Appell zu erfüllen.

Gerade im Bereich von Konfliktgesprächen ist ein Hören auf der Sachebene eine gute Empfehlung, das heißt, wenn sie eine Botschaft hören, sollten Sie diese erst einmal für sich selbst im Kopf dekodieren und sich rein auf den sachlichen Inhalt der Aussage konzentrieren.

Wichtig dabei ist auch im ersten Schritt, die Betonung und die Gestiken sachlich zu analysieren bzw. diese für diesen Moment zu löschen, denn teilweise wird nicht aufgrund der kommunikativen, sprachlichen Botschaft reagiert, sondern dahin gehend wie derjenige dies gesagt hat und wie seine Gestik/Mimik war.

Allein hier können Sie eine Menge Pulver herausnehmen, wenn sie in einem solchen Konfliktgespräch diese Filter ausstellen und sich erst mal rein auf das Gesagte konzentrieren.

Bei Gesprächen mit hoher Emotionalität fällt dies sehr schwer und es wird sich selten Zeit gegeben nachzudenken, der erste Impuls ist erst einmal zurückschießen und dann fängt ggf. irgendwann das Denken darüber wieder an.

Wie oft haben Sie schon Situationen in Ihrem Leben gehabt, wo Sie etwas gesagt haben, was Ihnen im Nachhinein leidgetan hat?

In diesem Buch haben Sie ja schon einiges darüber gelesen, wie Ihr Körper auf Stress reagiert. In Konfliktgesprächen steht der Körper unter Hochspannung und stellt sich auch auf Kämpfen oder Fliehen ein, jedoch ist es in einem Gespräch mit ihren Kollegen oder ihrem Vorgesetzten eher nicht hilfreich, in einen Kampf zu gehen.

Auch in dem Gespräch mit Eltern macht es unter Umständen keinen guten Eindruck, wenn Sie fliehen und vor dem Gespräch weglaufen würden, also müssen Sie sich diesem stellen und Ihren eigenen Körper kennen.

Im Kampf- oder Fliehen-Modus wird ihr Gehirn nicht mehr so durchblutet und man sagt, in diesem Modus befände sich unser Gehirn auf einer Stufe mit einer Schildkröte und haben Sie schon einmal versucht mit einer Schildkröte zu diskutieren?

Eher schwierig, wenn Sie daher bei sich selbst bemerken, dass der Stresspegel auf ein Level schießt und Sie die Gefahr vor Augen sehen, gleich einen Panzer auf dem Rücken zu haben und Sie zur Schildkröte mutieren. Haben Sie auch mal den Mut zu sagen, dass Sie erst einmal eine Pause oder einen Rückzug brauchen.

Die Kunst auch mal Nein zu sagen oder wie der bekannte Trainer Tobias Beck in seinen Vorträgen erzählt: „Ich stehe für dieses Gespräch nicht zur Verfügung", erfordert Courage, aber Sie schützen damit sich selbst und Ihr Wohlbefinden.

Hören Sie jetzt mal in sich hinein, haben Sie hier eher ein Störgefühl und denken Sie sich: Das kann man doch nicht machen? Was soll denn da der andere über mich denken?

Wenn Sie dieses Gefühl haben, geht es Ihnen wie vielen anderen Menschen. Auch uns interessiert relativ oft mehr, was andere über uns denken könnten, als das wir uns Sorgen darüber machen, wie es uns geht.

Und Hand aufs Herz: Glauben Sie wirklich, Sie können beeinflussen, was andere über Sie denken?

Das einzige im Leben, was Sie wirklich beeinflussen können, ist, wie es Ihnen geht und wie Sie über sich selbst denken und darüber haben wir in diesem Buch ja schon geschrieben.

Die Gedanken anderer Menschen gehören auch diesen und Sie sollten sich in vielen Fällen keine Gedanken darüber machen, sondern hier auch ruhig mal egoistisch sein.

Kennen Sie Situationen, in denen Sie gerne Nein gesagt hätten, aber sich nicht getraut haben, dies zu tun und Sie dann mit sich ins Gericht gegangen sind, weil Sie wieder mal was nur für andere getan haben?

Im richtigen Moment kann ein Nein und damit ein Ja für sich selbst, ein großer Meilenstein für das eigene Stressmanagement sein.

Zum provisorischen Testen auf welchem Ohr Sie hören können, beantworten Sie folgende Fragen bzw. aussagen und hören Sie auf Ihren ersten Impuls, auf das erste Reden Ihrer inneren Stimme.

Denken Sie nicht zu lange nach, denn das kann das Ergebnis verfälschen.

Folgende Situation
Es ist Abholzeit der Kinder und Sie sind mit Ihrer Gruppe im Garten. Eine Mutter, die gerade Ihr Kind abholt, kommt auf Sie zu und sagt zu Ihnen:

„Den ganzen Tag in der Sonne sitzen und Kaffee trinken, Sie haben ja einen Traumjob"

Welcher Gedanke geht Ihnen jetzt als erstes durch den Kopf?

_____

_____

Wie würden Sie am liebsten darauf antworten?

_____

_____

Wie hätten Sie am wahrscheinlichsten geantwortet?

_____

Was ist die Botschaft, wenn Sie diese rein sachlich betrachten?

_____

_____

Wahrscheinlich gehen Ihnen bei diesem Satz eine Menge durch den Kopf. Es kommt sicherlich auch darauf an, wer das zu Ihnen sagt. Es gibt sicherlich Menschen, bei denen Sie diesen Satz humorvoll aufnehmen können, aber bestimmt auch Menschen, bei denen Sie ein solcher Satz kränkt.

Gerade bei Menschen, wo die Sympathie mit Hindernissen behaftet ist, macht eine Dekodierung auf der Sachebene und das Löschen von Betonung und Gestik/Mimik Sinn.

Auf der Sachebene haben Sie jemanden, der Ihnen signalisiert, wenn Sie mit den Kindern in der Sonne mit einer Tasse Kaffee sitzen dürfen, einen Traumjob und die Antwort könnte hier sein: Aus diesem Blickwinkel betrachtet stimmt das, da haben sie recht oder ein einfaches Ja!

Der Satz als solches sollte eigentlich keinen Stress bei Ihnen auslösen und der gesagte Satz hat auch nicht diese Macht. Das was den Stress verursacht ist die eigene Bewertung im Kopf.

Eigentlich sollten Sätze und Taten von anderen Menschen uns nicht belasten, denn es sind fremde Handlungen und diese können nicht beeinflusst werden.

Im Alltag und wenn mehrere Stressoren zusammenkommen, kann es aber passieren, dass Sie sich ärgern und

vielleicht auch eine Antwort geben, die Ihnen im Nachhinein leidtut.

Das dekodieren auf der Sachebene ist eine Übungssache
und dient auch nicht dafür, zu allen Situationen im Leben
ja und amen zu sagen, aber es schafft Ihnen Zeit, um in
jeder Situation handlungsfähig zu bleiben und professionell reagieren zu können.

Ein Tipp vorab: Wenn sie üben, übertreiben Sie es
nicht, damit in Ihrem Freundes- und Bekanntenkreis diese
Herangehensweise kann schnell verstörend und wenig
kommunikativ rüberkommt und Ihre Mitmenschen ver-
schreckt. Daher seien Sie auch hier achtsam, mit wem sie
wann üben. ;-)

Ein weiteres Beispiel für ein Konfliktgespräch:
Ihre Vorgesetzte kommt im größten Trouble auf Sie zu
und sagt im Vorbeigehen: „Ich sehe ja, du hast gerade
nichts zu tun, kannst du mal eben die Abrechnungen
fertigmachen?"

Welcher Gedanke geht Ihnen als erster durch den Kopf?

_____

_____

_____

_____

Was würden Sie am liebsten antworten?

_____

_____

_____

Wie hätten Sie am wahrscheinlichsten geantwortet?

_____

_____

_____

Was ist die Botschaft, wenn Sie diese rein sachlich betrachten?

_____

_____

_____

Dieser Satz in der entsprechenden Situation kann purer Sprengstoff sein, da hier mehrere Dinge aufeinandertreffen.

Konfliktgespräch, Fotolia

Eine Situation voller Stress, hohes Arbeitsaufkommen plus eine Vorgesetzte, die dafür keine Augen hat und nur über ihren derzeitigen Fokus nachdenkt oder was an der ein oder anderen Stelle auch vorkommt, eine Vorgesetzte, die überhaupt kein Gefühl für Situationen oder Führung in sich vereint. Der Umgang mit solchen Vorgesetzten wäre noch einmal anders zu betrachten und benötigt wahrscheinlich eher andere Vorgehensweisen.

Das Dekodieren auf der Sachebene und das Löschen von Betonung und Gestik/Mimik hilft in einer solchen Situation, Zeit zu gewinnen.

Die Wahrnehmung der Vorgesetzten scheint in diesem Fall sehr eingeschränkt zu sein und sie sieht in diesem Moment nur ihre Bedürfnisse, die Gefahr auf einen solchen Satz in einer Stressreaktion unprofessionell zu antworten, ist recht groß.

Auf der Sachebene ist auch hier die Botschaft, dass die Vorgesetzte glaubt, dass Sie gerade nichts zu tun und daher Zeit hätten, sich um eine Abrechnung zu kümmern.

Sie könnten hier als Antwort die Möglichkeit des Paraphrasierens nutzen, das heißt, Sie geben das Gehörte in Ihren Worten wieder, so wie Sie es verstanden haben:

„Habe ich dich richtig verstanden, dass du glaubst, ich hätte gerade nichts zu tun und könne mal eben eine Abrechnung einschieben?"

Jetzt muss die Vorgesetzte sich mit ihren Worten noch einmal beschäftigen und Sie haben etwas Zeit gewonnen, um den aufkommenden Stress dieses Satzes oder dieser Begegnung zu entgegnen.

Wenn die Vorgesetzte ihren Wunsch wiederholt, könnten Sie Ihrem Wunsch eine gewichtige Bedeutung geben.

„Ich kann gut verstehen, dass du glaubst, dass ich gerade nichts zu tun habe, aber das Erstellen der Abrechnungen ist eine für mich und für die Einrichtung wichtige Handlung, sodass ich diese in wirklicher Ruhe erledigen möchte. Zudem sind wir gerade in einer Gruppenarbeit, die ich zum Wohle der Kinder erst einmal zu Ende bringen möchte. Ich komme in ca. 30 Minuten in dein Büro und wir besprechen, wann ich die Abrechnung in Ruhe fertig stellen kann, in Ordnung?"

Sollte die Vorgesetzte dennoch auf ihrer Forderung beharren, geben Sie sachlich zurück, welche Konsequenzen diese Entscheidung für ihre Arbeit haben kann und ob die Vorgesetzte dies so tragen möchte und ob sie in dem Moment jemanden hat, der ihre Tätigkeit übernehmen kann.

Nehmen Sie die Vorgesetzte da ohne Vorwürfe mit ins Boot, erklären Sie sachlich, warum es jetzt erst einmal wichtig ist, die von Ihnen durchgeführte Arbeit zu beenden.

Wichtig ist schon, dass nicht jedes Gespräch ein deeskalierendes Ereignis darstellen muss, wenn Sie für sich die Entscheidung treffen, Sie wollen in diesem Moment gar nicht professionell sein oder Sie wollen sich jetzt bewusst für einen Konflikt entscheiden, ist das völlig in Ordnung. Ihnen sollte dann aber bewusst sein, was Sie tun und Sie sollten für sich das Heft in der Hand haben und sich nicht nur von Ihren Emotionen leiten lassen.

Ausgetragene Konflikte können auch immer ein Baustein für Entwicklung und neue Chancen sein und ein Weg für eine andere neue Kommunikation.

Nicht ausgetragene Konflikte oder nicht angesprochene Emotionen können auf Dauer krank machen und sollten Sie merken, dass Sie Handlungen oder Gespräche mit nach Hause nehmen und anfangen schlecht zu schlafen, ist es an der Zeit ein strukturiertes Konfliktgespräch zu führen.

Denn eins ist Fakt: Eine Entscheidung wird es immer nach einem Konfliktgespräch geben, entweder findet man eine gemeinsame Lösung oder man stellt fest, dass es so zusammen nicht mehr geht und man ggf. eine neutrale

Person – wie einen Mediator – finden muss oder sogar, dass eine Zusammenarbeit nicht mehr möglich ist.

Manchmal sind auch solche harten Entscheidungen reinigender, als den ewigen Prozess mitzumachen, sich nicht wertgeschätzt oder toleriert zu fühlen.

Trauen Sie sich auch an solche Gespräche heran, denn auch damit wächst Ihre Persönlichkeit.

5.4   Fragebogen zum Thema Konflikte

Beantworten sie diese Fragen, um für sich den Bedarf eines Konfliktgespräches zu klären:

- Worin besteht der Konflikt genau?
- Welche Gedanken verbinde ich mit dem Konflikt und dem Gegenüber?
- Was ist das Unangenehme an diesem Konflikt für mich?
- Was möchte ich bei dem Konflikt geklärt wissen?
- Inwieweit geht es mir noch um die Sache?
- Welche Verhaltensweisen stören mich eigentlich genau bei meinem Gegenüber und warum?
- Kenne ich die Sichtweisen meines Gegenübers?
- Gibt es Gründe, die dafür sprechen den Konflikt nicht zu klären?
- Gibt es Gründe, die dafür sprechen den Konflikt zu klären?
- Wie würde es mir nach einem erfolgreichen Konfliktgespräch gehen?
- Was müsste passiert sein, damit das Konfliktgespräch erfolgreich ausgegangen ist?

5.5   Der aktive und reaktive Zuhörer

In diesem Buch wurden ihnen schon viele Bausteine für den Umgang mit ihren möglichen Stressoren angeboten und die Einladung einige für sie passende auszuprobieren.

Achtsamkeit für sich und andere, Selbstachtung, innere und äußere Kommunikation und die kurzfristigen Erleichterungen brauchen alle Übung für den Wachstum ihres Anti-Stress-Muskels.

In vielen Seminaren wird auch das Konzept des aktiven Zuhörens vermittelt, doch wer schafft es im Alltag diese auch umzusetzen, denn die normale Kommunikation funktioniert doch anders.

Es gibt eine Botschaft und innerhalb von zehntel Sekunden ohne großes Nachdenken wird geantwortet, ob die Antwort passend war oder der Impuls gesiegt hat und besser geschwiegen worden wäre, erkennt man erst nach der Antwort.

Wie oft haben wir nach einem Gespräch das Gefühl doch besser anders reagiert zu haben oder sich bei der Antwort ein wenig mehr Zeit gegönnt zu haben, denn in vielen Gesprächen ist es nicht entscheidend was gesagt wird, sondern was der Andere daraus hört.

Wir können eine Botschaft für uns so klar wie nur möglich übermitteln, trotzdem kann etwas ganz anderes bei dem Gegenüber ankommen, denn wir hören ja nicht nur auf das Gesagte, sondern achten wesentlich mehr auf die nonverbalen Botschaften.

In einem Kindergarten kommt zudem die Masse an Botschaften dazu, am Morgen wollen vielleicht alle Eltern noch genau die wichtigste Nachricht an sie übermitteln, dazu haben die Kinder auch meist ganz viel zu erzählen und wollen gehört werden und Kollegen haben Sie ja auch noch, wie sollen Sie das alles filtern? Das in diesem Rahmen natürlich Botschaften verloren gehen ist ganz klar, kein Mensch kann diese Fülle zu 100 % bedienen.

Doch gerade in den stressigen Morgenstunden wo alle Kinder mit den Eltern kommen, ist es wichtig dass Sie klare Signale setzen und eine klare Kommunikation haben und versuchen alle Anfragen zu koordinieren, ein Stoppzeichen nonverbal und verbal die Ihre Grenzen aufzeigen ist da ein gutes Mittel.

In einer Mediation ist das Stilmittel des aktiven Zuhörens ein wichtiger Baustein in der Arbeit des Mediators und auch die Kunst bei langen Reden dieses frühzeitig für eine Zusammenfassung in eigenen Worten zu unterbrechen, ist ein gern genommenes Werkzeug.

Bei allen Stressoren ist das aktive Zuhören ein wirkungsvolles Mittel der stressfreien Kommunikation, Sie wenden sich dem Gesprächspartner zu, geben Signale das Sie ihm folgen und geben in eigenen Worten das Verstandene wieder und bekommen dann eine Rückmeldung ob Sie mit dieser Vermutung richtig liegen, ansonsten muss Ihr gegenüber sich noch einmal erklären.

Allein die Tatsache, dass Sie sich komplett auf den Gesprächspartner einlassen, ist schon ein Gewinn für jedes Gespräch, durch das Wiederholen des Gesagten haben Sie auch Zeit gewonnen um sich neu zu strukturieren.

Beim Zuhören sollten Sie keinen passiven Teil einnehmen, wo Sie nur dasitzen und nicken und mit Ihren Gedanken ganz woanders sind.

Forschungsergebnisse zeigen auf, dass Menschen nur in 25 % der Zeit zuhört und dass sie sich den Rest ausdenken, den sie glauben gehört zu haben, mit dem aktiven Zuhören steigt diese Zahl und die damit verbundene Zahl an Missverständnissen deutlich ab (Steil et al. 1986).

Folgende Voraussetzungen sollten sie für das aktive und reaktive Zuhören mitbringen

1. Volle Konzentration auf den Gesprächspartner
2. Anteilnahme und innerer Perspektivwechsel für das, was der Gesprächspartner sagt
3. Einfühlungsvermögen für die Körpersprache, um Disharmonien zu dem Gesagten zu erkennen
4. Unvoreingenommenheit und keine Urteile schon im Kopf haben
5. Nachfragen, ob das Gehörte richtig verstanden wurden
6. Offenheit für den Gesprächspartner

Der Zuhörer Test

Schauen Sie doch auch einmal zu welchem Zuhörer-Typ Sie gehören und leiten damit mögliche Verbesserungen für sich selbst ab:

1. **Der Weghörer**

   Gut, dieser Typ sollten Sie besser nicht sein, denn wenn Sie dieser Typ sind ist die Frage, ob Sie damit im Kindergarten richtig sind, obwohl dies im größten Stress und bei größtem Geschrei natürlich ein gern genommenes Stilmittel ist.

   Aber der Weghörer ist eher ein introvertierter Typ und tut sich in der Regel sehr schwer damit, sich auf andere Menschen einzulassen.

2. **Der selektive Zuhörer**

   Der selektive Zuhörer hört eigentlich auch nicht richtig zu, sondern hört gerne nur das, was er hören möchte und nimmt, ob wissentlich oder unwissentlich, damit das Risiko der Missverständnisse in Kauf.

   Gespräche mit diesem Zuhörertypen sind eher an der Oberfläche.

3. **Der bewertende Zuhörer**

Hier steckt der geübte Diskutierer versteckt mit dem Anspruch eher keinen Dialog zuzulassen, sondern das Gespräch an sich zu reißen.

Er hört schon die Argumente, ist aber im Kopf schon längst einen Schritt weiter und bereitet die Gegenoffensive vor.

Diese Typen sind oft blitzschnell im Auffassen und in der Analyse, jedoch echtes Verstehen und Verständnis für den Gegenüber entwickelt sich eher selten.

4. **Der aktive Zuhörer**

Bringt natürlich alles mit, um empathisch und respektvoll und auf allen Ebenen zu kommunizieren und zu verstehen.

Das Gute an den Typen, kaum ein Mensch ist nur ein Typ und daher können Sie da ganz entspannt sein, sollten Sie aber einen Ausschlag in eine der Richtungen verspüren haben sie jetzt einen Ansatz um ggf. zu reagieren.

Literatur

Steil L, Summerfield J, DeMare G (1986) Aktives Zuhören Anleitung zur erfolgreichen Kommunikation. Sauer, Heidelberg

Schulz von Thun F (2008) Miteinander Reden 1–3. Rohwolt, Reinbeck

6

Stressor: Eltern und Vorgesetzte

6.1 Fehlende Wertschätzung lauert überall!

Als Erzieherin muss man seine Augen und Ohren wirklich überall haben, denn ob Eltern, Chef, Kollegen oder Kinder – man ist den ganzen Tag auf Empfang.

Die kurze Mitteilung einer Mutter vor der Kita-Tür, den Zuruf der Leitung aus dem Büro über eine Dienständerung, die drei Gruppenkinder, die von ihrem gestrigen Nachmittag auf einmal erzählen wollen sowie die Kollegin, die sich von dir etwas leihen möchte – das alles sind mögliche Stressfaktoren.

So ähnliche Situationen kennen alle Kita-Mitarbeiter.

Ständig ist man auf Empfang, hat ein offenes Ohr, filtert, speichert, sortiert, plant, überdenkt und das Ganze von vorne.

© Springer Fachmedien Wiesbaden GmbH, ein Teil von Springer
Nature 2019
I. Caspar und A. Heim, *Der Anti-Stress-Trainer für Erzieher,*
Anti-Stress-Trainer, https://doi.org/10.1007/978-3-658-25481-0_6

Es kommen so viele Dinge zusammen und manchmal ist es ein regelrechtes Chaos, denn neben den vielen Vorgaben, die Erzieher erfüllen müssen – von Konzeption bis hin zu Bildungsplänen und gesetzlichen Vorgaben – sind es oft die überhöhten Ansprüche mancher Eltern und das fehlende Verständnis dafür, dass dies alles nicht immer zu leisten ist.

Viele Eltern verlassen sich darauf, dass der Kindergarten viele Erziehungs- und Bildungsaufgaben selbstverständlich übernimmt bzw. möchten diese gerne übertragen.

Es ist uns allerdings nicht möglich und auch nicht unsere Aufgabe, denn der Kindergarten ist eine familienergänzende Einrichtung und in dieser Gemeinschaft muss man allen gerecht werden.

Zudem führen die wahrzunehmende geringe Wertschätzung der Arbeit sowie die Einmischung der Eltern und deren zu geringe Mitarbeit zu einer großen Belastung.

Dabei setzt gerade Wertschätzung, also die Anerkennung meiner ganzen Persönlichkeit und meines Wesens enorme Kräfte frei und wirkt sehr motivierend.

Fehlende Wertschätzung
Was nun kann man dagegen tun?

Kann man diese einfordern? Eher nicht, denn generell ist es nicht möglich, das Verhalten der anderen zu verändern.

Diese Veränderung kann nur bei Ihnen selbst passieren.

Nur: Wie können Sie das anstellen?

Wertschätzung ist eine Frage der Haltung und diese Haltung gilt es zu lernen und zu üben. Was Sie dazu investieren müssen sind etwas Zeit und Ehrlichkeit.

Nichts ist wichtiger als die Liebe zu sich selbst.

Auf Deiner Selbstliebe beruhen alle Deine Stärken, Deine innere Ruhe und Deine Gelassenheit.

Wenn die Selbstliebe nicht vorhanden ist,

gibt es kein Fundament
auf dem Du alles andere aufbauen kannst.
(Ana Blom)

Eine wertschätzende Haltung sich selbst gegenüber zu haben, ist die Voraussetzung dafür, diese Haltung auch anderen Menschen entgegen zu bringen.

Wer Wertschätzung ausstrahlt, bekommt auch Wertschätzung zurück.

6.2 Übung zur Wertschätzung

Meine Haltung mir selbst gegenüber
Beantworten Sie die folgenden Fragen liebevoll und ausführlich :-)

1)

– Unsere Schwächen können wir ganz schnell benennen, wie sieht es jedoch mit unseren Stärken aus?
– Welche Charaktereigenschaften schätze ich sehr an mir?

2)

– Ich kann was, ich bin wer, das war meine Leistung, mein Erfolg!
– Auf was, das ich erreicht habe bin ich stolz?

3)

– Was will ich insgesamt im Leben erreichen?
– Was sind meine eigenen Ziele?
– Was gefällt mir an meinem Leben richtig gut?

7

Stressor: Zeit

Optimieren Sie Ihr Zeitmanagement

Zeit ist ein sehr kostbares Gut – sowohl im Alltag als auch im Arbeitsleben.

Deshalb ist es besonders wichtig, mit der Zeit verantwortungsvoll umzugehen, denn sie ist maßgeblich für Erfolg und Lebensqualität.

Sie haben für heute Vormittag geplant, endlich mit den Kindern die Laternen fertigzubasteln und Martinslieder zu singen. Das hätte eigentlich letzte Woche schon erledigt werden müssen.

Nach der Mittagspause müssen Sie mit einer anderen Kollegin noch etwas besprechen und der neue Aushang muss auch noch geschrieben werden.

Rückblickend an diesem Tag haben Sie eine Menge Dinge erledigt, allerdings nicht wirklich das, was Sie schaffen wollten.

Ob Personalmangel, eine sehr anstrengende Gruppe, ein spontanes Elterngespräch oder Zusatzaufgaben die

x

© Springer Fachmedien Wiesbaden GmbH, ein Teil von Springer Nature 2019
I. Caspar und A. Heim, *Der Anti-Stress-Trainer für Erzieher*,
Anti-Stress-Trainer, https://doi.org/10.1007/978-3-658-25481-0_7

erledigt werden wollen. Schlechte Planung, chaotische Arbeitsweise und Vergesslichkeit sind nur einige Gründe für Zeitmangel und somit Stress.

Der Trainer, Coach und Autor Christian Schroff sagt: „Ein einfaches Mittel, sich zu ordnen und zu entspannen ist das Führen von To-do-Listen." (Schimansky 2012).

Sieben Minuten zu Beginn eines Arbeitstages reichen für die Tagesplanung aus. Mit diesem geringen Aufwand lasse sich tagsüber eine Stunde Zeit sparen, so Schroff.

> **Wichtig**
> Wir haben genug Zeit,
> wenn wir sie nur richtig verwenden.
> -unbekannt-

Die folgenden Ideen zeigen Ihnen, wie Sie eine aktive und gute Zeitplanung gestalten.

7.1 Das Eisenhower Prinzip

Das sogenannte Eisenhower Prinzip (Ein Beispiel ist benannt nach dem amerikanischen General und späteren Präsidenten **Eisenhower**) kann behilflich sein, zwischen wichtigen und dringlichen Aufgaben zu unterscheiden (vgl. Tab. 7.1).

Mit dieser Entscheidung können sie nun leicht auswählen, was sie als Nächstes erledigen werden:

1. Alle Aufgaben, die sowohl unwichtig als auch nicht dringend sind, verwerfen Sie.
2. Sind die Aufgaben zwar unwichtig, aber dringend, dann delegieren Sie.

Tab. 7.1 Das Eisenhower Prinzip

	Dringend	Nicht dringend
Wichtig	1 Sofort erledigen	2 Unbedingt Zeit einplanen
Beispiel	• Elterngespräch vorbereiten und führen • Elternabend für übernächste Woche vorbereiten	• Fachbuch über Integration lesen • Konzeption überarbeiten • Fortbildungen raussuchen
Nicht wichtig	3 Delegieren	4 Kann behilflich sein, zwischen wichtigen und dringlichen Aufgaben zu unterscheiden. Nicht machen
Beispiel	• Aufräumen • Ausflüge alleine vorbereiten	• Sich über Unwichtiges aufregen • Spielsachen sortieren

3. Die wichtigen Aufgaben, die nicht dringend sind, übertragen Sie in Ihre Zeitplanung und sorgen Sie dafür, dass sie zur rechten Zeit tatsächlich angepackt werden.
4. Die Aufgaben, die jetzt wichtig und dringend sind, erledigen Sie **jetzt.**

Zeitmangel entsteht auch gern durch Zeitdiebe
Einige Beispiele werden hier aufgezählt:

- Arbeitsorganisation
- Arbeitsstil
- schlechte Zusammenarbeit im Team
- keine oder unklare Zielsetzungen und Prioritäten
- keine Tagesplanung
- keine oder schlechte Übersicht über alle Aktivitäten

- spontane Änderungen der Prioritäten
- unaufgeräumter Arbeitsplatz
- schlechtes Ablagesystem
- Störungen durch Andere
- unangemeldete Besucher
- schlecht vorbereitete Besprechungen
- keine Selbstdisziplin
- ständige Aufschieberitis
- schwammige Kommunikation

7.2   Die ALPEN METHODE

Eine Methode, mit der man mit wenig Aufwand gute Tagespläne erstellen kann. Erfinder dieser Methode ist der deutsche Ökonom und Ratgeberautor Lothar J. Seiwert (absolventa 2018).

A.L.P.E.N. steht für

- **A** Aufgaben, Termine und geplante Aktivitäten notieren
  Alle Aufgaben werden so genau wie möglich formuliert.
- **L** Länge schätzen
  Wie viel Zeit wird die Erledigung dieser Aufgaben in Anspruch nehmen?
- **P** Pufferzeiten einplanen
  Unvorhergesehene Dinge kommen immer dazwischen, also ausreichend Pufferzeit einplanen.
- **E** Entscheidungen treffen
  Wie dringend muss diese Aufgabe erledigt werden?
- **N** Nachkontrolle
  Habe ich alles zu dieser Aufgabe erledigt, was ich mir vorgenommen habe?

Diese Methode ist eine mögliche Strategie und ein sinn-
voller Ansatz, um seine Zeitplanung zu optimieren.

Dadurch, dass man sich einen konkreten Plan aufstellt,
was man an dem Tag schaffen will, trägt man dazu bei,
seine Ziele tatsächlich zu erreichen.

7.3   Der Anti-Stress-Morgen

Wir stehen oft den ganzen Tag anderen Menschen zur Verfügung, ohne auf unsere Befindlichkeiten zu schauen.

Wäre es da nicht sinnvoll, die erste Zeit des Tages für
sich selbst zu nutzen, sich um seine Bedürfnisse zu kümmern und somit einen guten Start in den Tag zu ermöglichen?

Meist sind es nur Kleinigkeiten, die verändert werden
dürfen und wodurch Freiräume geschaffen werden können.

Die eigenen Rituale am Morgen können gute Begleiter,
aber auch direkte Stressoren sein und diese gilt es dann zu
erkennen und zu verändern.

Jeder gestaltet seinen Tag anders und beginnt auch den
Morgen unterschiedlich, der eine braucht nur den kurzen
Wecker und steht direkt auf, der andere benötigt mehrere
Signale, um aufzustehen.

Der eine braucht direkt einen Kaffee oder eine Zigarette
oder einen Tee, der andere ein gutes Frühstück und wieder
andere gehen ohne alles aus dem Haus.

Die Vorbereitung für einen guten Start in den Morgen
kann schon am vorherigen Abend passieren, indem man
sich mithilfe einer kurzen To-do-Liste einen Überblick
über den nächsten Tag verschafft.

Diese To-do-Liste kann auch als Wochen- und Monatskalender geführt werden, um einen gezielten Ausblick zu
erhalten und ggf. auch Terminierungen umzuplanen. Viele
Menschen ohne Terminplaner neigen dazu, schnell den

Überblick zu verlieren und hier in ein kleines Chaos zu geraten.

Eine To-do-Liste und ein Wochen- und/oder Monatskalender brauchen dann auch einen gewissen Grad an Disziplin, da diese Arbeit dann oft als lästig oder unnötig angesehen werden. Wird das Führen der Listen aber erst zu einem festen Ritual, merken sie schnell, wie es Ihrem Morgen und Ihrem Alltag helfen kann.

Beim Führen der To-do-Liste für den Tag macht es durchaus Sinn, alle Dinge, die am nächsten Tag benötigt werden, an einen zentralen Ort zu deponieren, damit am nächsten Morgen nicht lange danach gesucht werden muss.

Sie kennen das vielleicht ja auch am Morgen: Sie stehen vor dem Spiegel oder vor Ihrem Kleiderschrank und wissen nicht, was Sie anziehen sollen und klauen sich da schon die ersten Minuten des Tages. Legen Sie sich doch schon am Vortag die Sachen raus (Es kann natürlich sein, dass ihnen die Auswahl am nächsten Morgen nicht mehr gefällt, da heißt es dann entweder rausgelegt ist rausgelegt oder neue Wahl am Morgen).

Falls Sie frühstücken, könnten Sie abends schon den Tisch decken oder alle Dinge erledigen, die Sie benötigen, um eine Mahlzeit einnehmen zu können. Auch Essen für die Arbeit kann am Vorabend gut zubereitet werden.

Auch der Arbeitsalltag kann durch die Wochen und/oder Monatsplan besser organisiert werden. Welche Unterlagen und Materialien benötige ich und wie kann ich diese beziehen?

Auch Termine, Telefonate oder Besprechungen sowohl privat wie arbeitstechnisch können so sehr gut vorbereitet und organisiert werden.

Diese Liste kann auch für die Familie und Partner erweitert werden. Welche Termine stehen an, wie werden diese koordiniert, müssen noch Absprachen fixiert werden?

Durch diese Planungen haben Sie am Anfang etwas Mehraufwand, aber wenn dies erst mal in Fleisch und Blut übergegangen ist, werden Sie schnell merken, wie der nächste Tag etwas strukturierter verläuft.

Der frühe Vogel
Das Gefühl, dass der Wecker jeden Morgen viel zu früh klingelt kennt wohl jeder und auch den Wunsch, diesen immer weiter stellen zu wollen, um noch etwas zu schlummern.

Doch die Entscheidung wie Sie aufstehen und mit welcher Laune – diese Entscheidung treffen Sie jeden Morgen ganz alleine.

Ob Sie sich, schon bevor sie den ersten Fuß auf den Boden gesetzt haben, sagen: „Dies wird heute mit Sicherheit ein ganz bescheidener Tag", oder mit voller Motivation die Arme in den Himmel strecken und jubilieren: „endlich Montag", obliegt ganz ihnen.

Dass die Entscheidung ganz bewusst getroffen werden kann, ist ein wichtiger Schritt, um die eigenen geschafften Stressoren zu minimieren und selbst wenn Sie den ersten Fuß auf den Boden gesetzt haben und meinen der Tag wird nichts, haben Sie noch viele Chancen, sich im Laufe des Tages anders zu entscheiden.

Ein guter Tipp ist folgender: Lachen Sie sich doch direkt mal im Spiegel an und selbst wenn Ihnen dies schwerfällt, können Sie sich selbst überlisten, Sie müssen ihr Gegrinse nur eine Zeit aushalten und merken dann recht schnell, wie die dunklen Wolken im Kopf verschwinden.

Doch kommen wir noch einmal zu der berühmten Snooze-Taste zurück: Es gibt auch die Möglichkeit, das Handy als Wecker zu nutzen und auf alle fünf Minuten zu stellen. Das mag Ihnen gut vorkommen, denn Sie können ja noch etwas liegen bleiben, doch Ihr Körper bekommt direkt Stresssignale ausgesetzt und damit beginnt der Morgen schon recht unentspannt.

Das schlechte Gewissen kommt vielleicht dann auch noch dazu: Sie wissen ja, dass jede Minute im Bett Ihren Morgen verkürzt und Sie sich dann woanders beeilen müssen, denn diese Zeit muss irgendwo ja wieder reingeholt werden.

Der Mensch ist in der Regel ein Gewohnheitstier und somit kann er auch damit zurechtkommen, den Wecker etwas früher zu stellen, um ausreichend Zeit für sich zu haben und damit mit einem entspannteren Tag zu beginnen.

Starten Sie vielleicht auch direkt mit ihrer Gute-Laune-Musik oder mit Dingen, von denen Sie wissen, dass diese Ihnen Energie geben.

Es folgen 8 Rituale für einen positiven Morgen
1. Nehmen sie sich Zeit für ein Frühstück

Ein gutes Frühstück am Morgen vertreibt Kummer und Sorgen, sagt es sich im Volksmund so schön, doch die meisten Menschen im Berufsleben haben sich abgewöhnt, morgens zu Hause zu frühstücken.

Ein ausgewogenes Frühstück legt tatsächlich den Grundstein für einen energiereichen Tag, zudem ist diese Zeit zu Hause noch einmal ihre Qualitätszeit, eine Zeit für Sie und die Familie.

Wie oft ärgern Sie sich über die Kinder, die beim Frühstück nicht sitzen bleiben können oder wollen, immer wieder zum Spielen gehen und zwischendurch in ein Brot beißen? Keine Rituale mehr für die Kinder, keine Ruhe mehr, um ein Frühstück oder generell ein Essen zu genießen, doch wie schaut es denn mit den Erwachsenen aus?

Wie ist es mit Ihnen?

Viel zu oft gibt es ein Brötchen vom Bäcker oder ein Sandwich aus der Plastikverpackung, dass man schnell im Auto oder in der Bahn ohne Genuss in sich reinstopft, ohne sich voll und ganz der Mahlzeit und dem Genuss zu widmen.

Dazu gibt es einen Kaffee aus dem Pappbecher oder einen Energy Drink von der Tankstelle und das alles in nicht mal 5 min. Die meisten – und so ehrlich müssen wir wohl sein – sind keine guten Vorbilder.

An besonderen Tagen und am Wochenende belohnen sich viele gerne mit einem großartigen Frühstück, der Tisch wird gedeckt und vorbereitet, sodass er einladend und schön aussieht. Brot, Brötchen, Rührei, Marmeladen, Wurst und Käse werden bereitgestellt und die Mahlzeit zelebriert, sollte aber nicht jeder Tag ein besonderer Tag sein?

Der Mönch *Thich Nhat Hanh* hat dazu einige Zitate der Welt mitgegeben:

„Achtsames Essen verbindet uns mit der Nahrung, die uns von der Natur, den Lebewesen und dem Kosmos geschenkt wird, und drückt unsere Dankbarkeit dafür aus."

„Denken Sie während Sie essen nicht darüber nach, was Sie als Nächstes tun müssen oder was Sie an dem Tag erledigen müssen. Fokussieren Sie sich auf das Essen."

Der Körper muss vom Morgen an Höchstleistungen bringen und gerade der Alltag in einem Kindergarten braucht viele Reserven und daher sollte der Organismus den besten Brennstoff erhalten, um die nötige Leistung zu liefern.

Nehmen Sie sich die Zeit und bereiten Sie sich ein gutes Frühstück zu und geben Ihrem Körper das, was er braucht und nehmen Sie ihre Vorbildfunktion für Ihre Kinder wahr.

2. **Stellen sie sich die richtigen Fragen am Morgen.**

Steve Jobs schaute jeden Morgen in den Spiegel und stellte sich jeden Morgen diese Frage:

„Wenn heute mein letzter Tag auf Erden wäre, wäre ich mit dem was ich heute erledigen werde zufrieden"?

Wenn die Antwort des Öfteren Nein lauten sollte, war Jobs der Ansicht die Prioritäten zu überdenken und neu zu strukturieren.

Sich selbst mit wichtigen Fragen zu hinterfragen, kann neuen Fokus und damit auch neue Energie erzeugen.

3. **Glück in Worte fassen**

Ein schönes Ritual, um in den Tag zu starten ist, ein Stück Papier und einen Stift zur Hand zu nehmen und drei Dinge aufzuschreiben, die Sie glücklich und/oder dankbar machen.

Erwartet Sie etwas Schönes an diesem Tag?

Sind Sie gerade nach dem Aufwachen besonders dankbar für etwas in ihrem Leben?

Fällt Ihnen etwas ein, womit Sie sich selbst oder auch jemand anderem einen glücklichen Moment bescheren können?

Dieses Ritual kann auch gut vor dem Schlafengehen angewendet werden, um sich jeden Abend für den Tag mit allen Erlebnissen zu bedanken. Dies gibt dem Gehirn gute Impulse für die Nacht.

4. **Aktivieren Sie Ihre Glückshormone**

Ob Yoga, Joggen oder Dehnübungen – ganz egal, was sie bevorzugen – Bewegungen bringen den Kreislauf auf Touren und versorgen alle Zellen mit Frischluft und Energie.

Starten Sie mit Power in den Tag, schicken Sie Leben in Ihren Körper und lassen Sie ihren Glückshormonen freien Lauf.

Für alle Sportmuffel unter Ihnen: Es muss kein Powerworkout sein, aber etwas raus aus der Komfortzone darf es schon sein und wenn Sie es oft genug wiederholen und der innere Schweinehund langsam ruhiger wird, haben Sie das Schlimmste geschafft und werden dann ganz schnell merken, wie viel mehr an Energie Sie zur Verfügung haben.

5. **Priorisieren**

   Pflegen sie ihre To-do-Listen und notieren Sie, welche Aufgaben es zu erledigen gilt. Dies kann zu höherer Produktivität verhelfen.

6. **Lesen**

   Viele erfolgreiche Persönlichkeiten geben an, dass sie den Morgen nutzen, um Zeit für sich zu haben und zu lesen. Der Kopf ist noch frei und der Input bleibt da, wo er hingehört. So starten Sie relaxed in den Tag. Planen Sie das Lesen für das Aufstehen mit ein.

7. **Optimieren Sie Ihren Spiegel**

   Der Spiegel, in dem Sie sich am Morgen als erstes betrachten ... verzieren Sie diesen mit einem guten Spruch oder einen netten Satz über sich selbst, über den Sie sich freuen und der Sie motiviert wie z. B.: „Du siehst heute aber wunderbar aus" oder „Da steht ein Superheld vor dem Spiegel". Egal, ob Sie dies doof finden oder nicht, es tut einfach gut und selbst wenn Sie jeden Morgen nur darüber schmunzeln müssen, ist es schon mal ein guter Start in den Morgen.

8. **Trinken**

   Starten Sie den Morgen mit ordentlich Wasser, denn dies ist die wichtigste Flüssigkeit, die wir brauchen. Nach dem Schlafen ist der Körper dehydriert und braucht in der Regel mindestens 500 ml Wasser.

   Gestalten Sie sich Ihren Morgen so, dass Sie Ihren individualisierten Anti-Stress-Morgen kreieren, viele Dinge und Tipps sind am Morgen ungewohnt und es braucht ein wenig Zeit, diese in den Alltag zu implementieren. Geben Sie sich diese Zeit und werfen die Flinte nicht sofort ins Korn, wenn zu Anfang nicht alles funktioniert, denn eins ist klar: Ihre Umstellungen sollen Ihnen keinen Stress am Morgen bereiten ☺.

7.4   Der Anti-Stress-Mittag

Ein großer Stressfaktor in einer Kita kann die eigene Mittagspause sein, in einigen Kindergärten ist die regelmäßige Pause von ständigen Unterbrechungen geprägt oder wird oft eher nicht gemacht, weil noch so viel Organisatorisches zu tun ist.

Doch regelmäßige Pausen sind für den eigenen Stresshaushalt und das eigene Energielevel essenziell, um langfristig fit und belastbar zu bleiben.

Hier haben Sie einige Tipps für Ihre stressfreien Pausen.

1. **Nehmen Sie sich zwischendurch fünf Minuten Zeit.**
   Viele Psychologen empfehlen, über den Arbeitstag verteilt mehrere kurze Pausen zu nehmen.
   Versuchen Sie, nach einem Arbeitsintervall von 60–90 min eine fünfminütige Pause einzulegen. Falls Sie dazu neigen, im Arbeitsprozess dies zu vergessen, stellen Sie sich den Wecker auf dem Handy, doch wichtig: Nach der Erinnerung hat das Handy eine Pause. Diese fünf Minuten sollten Sie achtsam genießen und sich nicht vom Handy ablenken lassen. Schaffen Sie das?
   Experimentieren Sie hinsichtlich der fünf Minuten, was Ihnen guttut – sind Sie eher der Bewegungstyp? Dann gehen Sie eine Runde raus, wenn Sie aber eh viel auf den Beinen sind, nehmen Sie sich eine bewusste Auszeit.
   Es reicht teilweise schon, in Ruhe und mit vollem Bewusstsein ein großes Glas Wasser oder Tee zu trinken.
2. **Die Mittagspause**
   Viele Mitarbeiter nutzen die Mittagspause nicht und essen lieber schnell etwas im Stehen oder bei laufendem Betrieb, doch eine Mittagspause ist wichtig, um wieder neue Kraftreserven zu tanken.

Nachmittags ist man oft nicht mehr wirklich frisch und erschöpft, da sind 30 min Pause eine Wohltat – egal ob sie dabei einen Powernap, eine kurze Meditation oder eine Mahlzeit zu sich nehmen.

Mittags ist es angebracht, etwas leichtes, gut verdauliches zu essen, um den Magen nicht zu sehr zu belasten, denn der raubt Ihnen dann die nötige Energie für den restlichen Tag.

In vielen Betrieben gibt es mittlerweile die Möglichkeit, einen kurzen Schlaf zu halten, es werden extra Räume dafür geschaffen, weil die wissenschaftlichen Ergebnisse zeigen, dass dies eine effektive Möglichkeit ist, neue Kraft zu tanken. Sie sollten jedoch nicht in eine Tiefschlafphase kommen.

In fernöstlichen Ländern (dort wird auch meist mehr gearbeitet) ist dies schon weit verbreitet.

Nutzen sie auch andere Dinge, die ihnen Ablenkung und Spaß bereiten wie ein Buch lesen, Musik hören etc.

3. **Die eigene Erschöpfung erkennen**

Wenn Sie merken, dass eigentlich nichts mehr geht und Sie dringend eine Pause benötigen, ist es schon fast zu spät, denn der Körper zeigt Ihnen bereits deutliche Signale.

Im Rahmen der Achtsamkeit gehört auch dies dazu, sich selbst und seine Körpersignale zu spüren und frühzeitig zu reagieren.

Es ist wie beim Trinken: Wenn Sie spüren durstig zu sein, haben Sie den Tag über zu wenig getrunken, bei dem Gefühl der Erschöpfung ist es ähnlich.

Hören Sie auf Ihren Körper und lernen Sie, die Signale zu erkennen und schon frühzeitig zu reagieren. Nehmen Sie sich dann auch die Zeit, denn wenn der Körper nicht mehr kann, wird er sich zwangsläufig die Zeit dafür nehmen.

Literatur

absolventa (Hrsg) (2018) ALPEN-Methode im Zeitmanagement. https://www.absolventa.de/karriereguide/zeitmanagement/ alpen-methode. Zugegriffen: 25. Okt. 2018

Schimansky S (2012) Schluss mit schlechter Zeitplanung. https://www.zeit.de/karriere/2012-08/zeitmanagement-stress/ komplettansicht. Zugegriffen: 25. Okt. 2018

8

Entspannung muss sein!

8.1 Entspannungsideen für den Alltag

Stille – für Groß und Klein

25 Kinder im Gruppenraum singen, quietschen, kichern, schreien, und weinen, diese Geräusche lassen wenig Entspannung zu – sowohl für die Kinder als auch auch für die Mitarbeiter.

Der Alltag der Kinder und auch der eigene sind geprägt von Hektik und ständigen Hintergrundgeräuschen, das Gefühl von Stille ist vielen fremd geworden und kann auch von einigen sehr schlecht ertragen werden.

Die Kinder und auch die Erwachsenen, haben dadurch bedingt Schwierigkeiten, sich zu konzentrieren, werden unruhig und selbst laut. Das Phänomen, Lautstärke mit Lautstärke zu bekämpfen, funktioniert schon in der Schule nicht und auch in einer Kita ist dies das falsche Mittel. Es zeigt sich jedoch bei einer hohen Lautstärke in der Gruppe, dass eine Gruppe versucht, die andere zu

© Springer Fachmedien Wiesbaden GmbH, ein Teil von Springer Nature 2019
I. Caspar und A. Heim, *Der Anti-Stress-Trainer für Erzieher,*
Anti-Stress-Trainer, https://doi.org/10.1007/978-3-658-25481-0_8

übertrumpfen und damit wird es von Stunde zu Stunde lauter.

Umso wichtiger ist es, die so kostbar gewordene Stille wieder für sich zu entdecken. Gerade im Kindergarten können durch Spiele und Übungen die Kinder mit einbezogen werden und so zur Ruhe kommen. Nutzen Sie diese Tools auch, um selbst diese Auszeit zu nutzen, um runterzukommen und durchzuatmen und sich so wichtige Freiräume zu schaffen und neue Energie zu tanken.

Solche Entspannungen benötigen allerdings Übung, Wiederholung und das Ausprobieren, um zu erforschen, was in der eigenen Gruppe gut ankommt und womit man sich wohlfühlt.

Wir haben einige Spiele, Übungen und Anregungen für Sie zusammengestellt.

8.2   Übungen und Anregungen

Zwischendurch
Der Name sagt schon alles: Diese Übung lässt Sie zwischendurch „runterkommen" und bremst den stressigen Gedankenfluss.

Diese Entspannungsübung nimmt etwa zwei Minuten in Anspruch, ist effektiv und kann auch in einem stressigen Arbeitstag eingeschoben werden.

1. Halten Sie Ihre Hände vor Ihr Gesicht und schließen Sie dann die Augen.
2. Holen Sie eine schöne Erinnerung in Ihre Gedanken. Beispielsweise Bilder vom letzten Urlaub oder andere Erlebnisse, die in Ihnen positive Emotionen wecken.

3. Atmen Sie dann tief ein, sodass sich Ihr Bauch wölbt (Bauchatmung).
4. Luft anhalten und wieder langsam ausatmen.
5. Wiederholen Sie das Ganze etwa fünf Mal.
6. Nachdem Sie nun Ihre Gedanken Richtung „schön" ausgerichtet haben und die Atmung ruhiger geworden ist, ziehen Sie Grimassen hinter Ihren Händen. So werden durch Stress verspannte Gesichtsmuskelpartien entspannt und diese Lockerung wirkt sich positiv auf den restlichen Körper aus.
7. Nach einigen Grimassen kneten Sie Ihren Nacken kräftig durch, denn dort hängen oft durch Stress verursachte Verspannungen.

Dankbarkeits-Buch für den Kita-Tag

Eine schöne Anti-Stress-Methode ist das „Danke sagen", dies haben wir an anderer Stelle schon thematisiert, aber auch für ihren Arbeitstag ist diese Übung ein guter Baustein, um Ihren Stressoren entgegen zu wirken.

Was sind fünf Dinge, für die Sie sich heute BEDANKEN möchten?

Über die Sie sich freuen können?

Was immer es ist, schreiben Sie es auf.

Damit fokussieren Sie sich auf die POSITIVEN Dinge in Ihrem Arbeitsalltag.

Mit guten Gefühlen sinkt Ihr Stresspegel und vielleicht stellen Sie fest, dass es Ihnen trotz allem doch gar nicht so schlecht geht.

Gerade im Arbeitsalltag scheint diese Übung schwierig zu sein und es wird die ein oder andere Stimme geben, die vielleicht sagen wird: Da finde ich nichts Positives.

Ändern Sie den Fokus, wenn Sie auch auf der Arbeit nur nach den negativen Dingen schauen, werden diese Ihnen auch auffallen, es funktioniert umgekehrt genauso.

Fangen Sie klein an und schreiben auch die Dinge auf, die Sie für selbstverständlich halten. Nach einigen Tagen werden Sie merken, dass Ihnen dies hilft und Sie haben langfristig möglicherweise eine neue Möglichkeit gefunden, die Arbeit neu wahrzunehmen.

Sollte jedoch wirklich nichts in ihrem Arbeitsalltag vorkommen, was ihnen positiv auffällt, sollten Sie über Konsequenzen und ggf. über einen Kita-Wechsel nachdenken.

Denn wenn es nichts gibt, was Ihnen Spaß macht und Sie sich nur auf die Arbeit schleppen, ist die Chance krank zu werden recht groß.

Pssssst!!!!
Die Erzieherin setzt sich hin und schließt die Augen.

Ganz leise kriechen die Kinder durch den Raum, ohne die Erzieherin „zu wecken".

Wenn es zu laut wird, öffnet sie die Augen.

Dann beginnt ein neuer Versuch.

Seifenblasen Träumerei
Die Kinder liegen in Rückenlage auf dem Fußboden.

Die Erzieherin läuft durch den Raum und pustet die Seifenblasen über die Kinder.

Die Kinder beobachten die Seifenblasen mit den Augen.

Nähert sich die Seifenblase dem Gesicht, dürfen sie vorsichtig hochgepustet werden.

Rückenmassage – Plätzchen backen
Die Kinder suchen sich einen Freund. Ein Kind legt sich jeweils auf den Bauch, das andere setzt sich daneben und „spielt" den Bäcker.

Auf dem Rücken, wie auf einem Backblech, wird das Backen nachgeahmt:

- Wir wollen heute Plätzchen backen. Zuerst müssen wir den Tisch sauber wischen (mit beiden Händen über den Rücken wischen).
- Und nun trocknen wir den Tisch ab (kreisende Bewegungen mit beiden Händen).
- Los geht's. Wir schütten das Mehl auf den Tisch und drücken ein Loch in die Mitte (mit den Händen Streubewegungen und mit der Faust ein Loch imitieren)
- Nun kommt Zucker dazu (Fingerspitzen imitieren das Rieseln des Zuckers).
- Es folgen die Eier (Fingerspitzen imitieren das Auseinanderlaufen der Eier).
- Nun gießen wir etwas Milch in die Mitte und kneten den Teig kräftig durch (beide Hände kneten den Teig auf dem Rücken).
- Dann wird das Backblech mit Butter eingestrichen (eine Hand streicht über den Rücken).
- Und nun rollen wir den Teig gleichmäßig aus (der Unterarm rollt mit leichtem Druck über den Rücken).
- Jetzt stechen wir Plätzchen aus: Sterne, Tannen, Herzen – und legen sie auf das Backblech (imitieren der Druckbewegung beim Ausstechen und mit flacher Hand anheben).
- Und jetzt kommen die Plätzchen in den Backofen (Hände reiben und auflegen).

Massage Karussell

Die Spieler setzen sich so in einen Kreis, dass jeder seinem Vordermann die Hände auf die Schultern legen kann. Jeder massiert seinem Vordermann mit einem Igelball, Pinsel oder den Händen den Rücken. Nach einer gewissen Zeit folgt ein Richtungswechsel.

Schlückchen für Schlückchen
Bei dieser besonders kurzen und einfachen Übung trinkt man über ca. eine Minute langsam kleine Schlucke Wasser. Dies wirkt dem höheren Puls und der Kurzatmigkeit bei Stress entgegen und entspannt die gesamte Rumpfmuskulatur.

Die Zunge hat mal Ruhe
Unsere Zunge ist meistens in Bewegung – ob beim Reden, Schlucken oder Husten, die Zunge ist maßgeblich beteiligt.

Aber auch, wenn die Gedanken kreisen, ist sie in irgendeiner Form angespannt.

Bei dieser Übung achten Sie einmal bewusst darauf, dass Sie Ihre Zunge entspannen.

Dabei soll sie auf dem Zungengrund aufliegen. Nach wenigen Augenblicken merken Sie schon, dass die komplette Zunge dem Boden aufliegt. Je länger Sie sich auf die Entspannung Ihrer Zunge konzentrieren, desto entspannter ist auch Ihr Geist.

Versuchen Sie doch einmal, mit entspannter Zunge eine Rechenaufgabe im Kopf zu lösen. Es wird Ihnen sehr schwerfallen!

Da diese Aufgabe sehr unauffällig ist, können Sie diese überall durchführen.

Völlig losgelöst…
Im Stuhlkreis wird eine Decke ausgebreitet und alle Kinder sitzen im Kreis.

Im Hintergrund läuft Entspannungsmusik und man kann den Raum, wenn man möchte etwas abdunkeln.

Ein Kind darf sich nun leise in die Mitte des Kreises begeben und sich auf die Decke legen.

Die Erzieherinnen stellen sich leise an Kopf und Fußende der Decke und nehmen die Zipfel in die Hand.

Langsam heben sie die Decke mit dem darin liegenden Kind hoch und bewegen diese langsam hin und her. Hierdurch entsteht ein Gefühl von Schwerlosigkeit.

Das Kind kann sich in die Schaukelbewegung einfühlen und sich entspannen.

Nach einiger Zeit wird die Decke dann wieder auf den Boden heruntergelassen und ein neues Kind ist an der Reihe.

Dieses Spiel eignet sich auch hervorragend für eine Teamrunde oder an einem Gruppennachmittag mit den Eltern.

Ein Signal geht leise auf seine Reise
Die Gruppe sitzt im Stuhlkreis, fasst sich an den Händen und schließt die Augen.

Im Hintergrund laufen Entspannungsmusik und der Raum ist abgedunkelt.

Die Erzieherin erklärt den Kindern leise:

Ich gebe gleich per Handdruck ein Signal auf die Reise durch unseren Stuhlkreis.

Ich drücke meinem rechten Nachbarn (Namen sagen) die Hand.

Wenn er merkt, dass seine Hand von mir gedrückt worden ist,

gibt er das Signal mit der anderen Hand an seinen Nachbarn weiter.

So geht das Signal von Hand zu Hand und von Kind zu Kind bis es wieder bei mir angekommen ist.

Meine Augen kommen zur Ruhe
Alle Kinder setzten sich in den Stuhlkreis im abgedunkelten Gruppenraum.

Die Hände liegen auf den Oberschenkeln und die Erzieherin atmet gemeinsam mit den Kindern dreimal tief ein und aus.

Beim Einatmen gehen die Arme langsam mit nach oben und beim Ausatmen sinken die Arme wieder auf die Oberschenkel.

Dann legen alle ihre Hände zusammen und reiben die Handinnenflächen aneinander bis sie richtig heiß sind.

Alle schließen die Augen und legen ihre warmen Hände auf ihre Augen.

Nach einem kurzen Augenblick nehmen alle die Hände wieder auf ihren Schoß.

Nun wiederholt die Erzieherin die Atemübung vom Anfang mit den Kindern.

Danach öffnen alle langsam wieder ihre Augen.

Schlusswort

Wir sind selbst Eltern von insgesamt drei Kindern und die Kindergartenzeit war auch für uns als Eltern die schönste Zeit des Heranwachsens der Kinder und diese Zeit hat gelebt von den Erzieherinnen und Erziehern und dem gesamten Team eines Kindergartens.

Die heutigen Zeiten sind sicher schnelllebiger und turbulenter geworden und die Herausforderungen sowohl für die Kinder als auch die Mitarbeiter sind definitiv gestiegen und trotzdem glauben wir: Sie haben eine der schönsten Aufgaben, die es im Berufsleben gibt.

Klar, es gibt Arbeitsbedingungen, die nicht gut sind. Es gibt nervende Eltern und sicher auch mal Kinder, die Sie bis auf das Blut reizen und Ihre Nerven strapazieren und über das Thema Gehalt brauchen wir sicherlich auch nicht reden. Wie in jedem sozialen Beruf ist dies eindeutig zu wenig, doch Sie haben einen sinnstiftenden Beruf und berühren viele Kinderherzen.

© Springer Fachmedien Wiesbaden GmbH, ein Teil von Springer Nature 2019
I. Caspar und A. Heim, *Der Anti-Stress-Trainer für Erzieher*, Anti-Stress-Trainer, https://doi.org/10.1007/978-3-658-25481-0

Dieses Buch soll Ihnen ein paar kleine Ideen mitgeben, um diesen Beruf weiterhin mit viel Herzblut, Engagement und viel Gesundheit ausüben zu können.

Wir als Eltern sind dankbar für jeden Einzelnen, der die ersten Schritte unserer Kinder begleitet und wir wünschen Ihnen auf diesem Weg alles Gute und weiterhin viel Freude in Ihrer Berufung.

Herzlichst
Angelina Heim
und
Ingo Caspar

Über den Initiator der Anti-Stress-Trainer-Reihe

Peter Buchenau gilt als der Indianer in der deutschen Redner-, Berater- und Coaching-Szene. Selbst ehemaliger Top-Manager in französischen, Schweizer und US-amerikanischen Konzernen kennt er die Erfolgsfaktoren bei Führungsthemen bestens. Er versteht es, wie kaum ein anderer, auf sein Gegenüber einzugehen, zu analysieren, zu verstehen und zu fühlen. Er liest Fährten, entdeckt Wege

© Springer Fachmedien Wiesbaden GmbH, ein Teil von Springer Nature 2019
I. Caspar und A. Heim, *Der Anti-Stress-Trainer für Erzieher*,
Anti-Stress-Trainer, https://doi.org/10.1007/978-3-658-25481-0

und Zugänge und bringt Zuhörer sowie Klienten auf den richtigen Weg.

Peter Buchenau ist Ihr Gefährte, er begleitet Sie bei der Umsetzung Ihres Weges, damit Sie Spuren hinterlassen – Spuren, an die man sich noch lange erinnern wird. Der mehrfach ausgezeichnete Chefsache-Ratgeber und Geradeausdenker (denn der effizienteste Weg zwischen zwei Punkten ist immer noch eine Gerade) ist ein Mann von der Praxis für die Praxis, gibt Tipps vom Profi für Profis. Heute ist er auf der einen Seite Vollblutunternehmer und Geschäftsführer, auf der anderen Seite Sparringspartner, Mentor, Autor, Kabarettist und Dozent an Hochschulen. In seinen Büchern, Coachings und Vorträgen verblüfft er die Teilnehmer mit seinen einfachen und schnell nachvollziehbaren Praxisbeispielen. Er versteht es vorbildhaft und effizient, ernste und kritische Sachverhalte so unterhaltsam und kabarettistisch zu präsentieren, dass die emotionalen Highlights und Pointen zum Erlebnis werden.

Stress ist laut der WHO die gefährlichste Krankheit des 21. Jahrhunderts. Stress wirkt aber von Mensch zu Mensch und somit auch von Berufsgruppe zu Berufsgruppe verschieden. Die von Peter Buchenau initiierte Anti-Stress-Trainer-Reihe beschreibt wichtige berufsgruppenspezifische Stressfaktoren und mögliche Lösungsansätze. Zu der Reihe lädt er ausschließlich Experten aus der jeweiligen Berufsgruppe als Autor ein, die sich dem Thema Stress angenommen haben. Als Zielgruppe sind hier Kleinunternehmer, Vorgesetzte und Inhaber in mittelständischen Unternehmungen sowie Führungskräfte in öffentlichen Verwaltungen und Konzernen angesprochen.

Mehr zu Peter Buchenau unter www.peterbuchenau.de.

Printed in the United States
By Bookmasters